U0079884

禪宗一年

A
Year
of
Zen

禪宗一年

52週的修行筆記
為期一年的正念靜思書寫

序言

旅程記錄者：

_____

「老梅樹者，其太無端也。

或為春，或作冬；

或作狂風，或為暴雨。

或為衲僧之頂門，

或為古佛之眼睛；

或為草木，或為清月。

古佛之法輪轉於盡界之最極。」

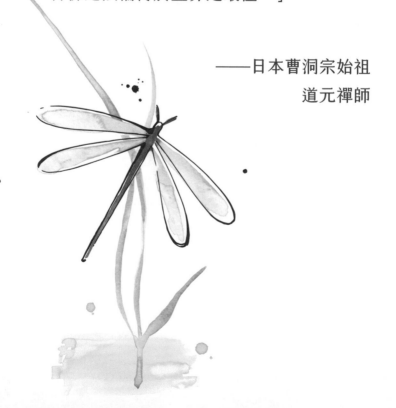

——日本曹洞宗始祖
道元禪師

序言

　　禪會偷走你的舌頭，然後要求你開口說話。它會把你推入一個完全曖昧之境，讓你清清楚楚看見，只要你一開口說話，就等於離開了禪。無人能免於此一禪之實相：我們每一個人，都因被要求說出那不可言說之物而感到痛苦萬分。每天早晨我們在這種要求中醒來，每天晚上帶著這個要求入眠，它無時無刻不壓在我們心頭。想想看：你的生命簡直不可思議。每時每刻都變換一個嶄新的面目。除了此刻正在讀此文本的這個人之外，再無其他人能夠完全了解你真正的可能性。此事似乎責任沉重，但也輕如一根鴻毛，隨風飄逝萬事即可靜歇。或許艾克哈特大師（Meister Eckhart）說得對：「如果你一生中唯一的禱詞就是感謝，那即已足夠。」

　　這是一本日常書寫練習，邀請你為自己塑造空間及創造時間。它會在這一年當中的每一天與你相會，要求你做到如禪所要求的：「忘掉自己」。然後還會要求你接下這看似矛盾的問題：「當你忘掉自己，那正在說話的這個自己又是誰？」這個問題是逃避不了的（沒有靜音選項，而且聲音還很響亮），它也不是什麼深奧祕傳之事。

　　誰沒有這種經驗呢？愛到極致無言語。傷心至極也找不到語言可表達。思念的時候，我們僅能唱情歌。我們進入語言，清楚知道它根本極為不足，但卻是必要。

這種必要性就是本書所採行的實修方法。你來到門檻,讓一切事物在原本位置上保持靜默,然後往前踏出一步。在這個地方做個記號。創作和反思生命,雖然你並不一定知道它是什麼、或可能變成怎樣。換句話說就是,閱讀一份習題作業,然後拿起筆來書寫。有些日子作業會很簡單,有時可能比較困難、具有挑戰性,你甚至不確定自己是否真正理解了那些問題。儘管寫就對了,如果作業是要求你畫圖,那就畫圖。不要想太多。

　　我教導禪修日誌靜思法已經非常多年。大多數的作業裡面,首先會有提示,然後以10到20分鐘的限時書寫作為禪修功課。我鼓勵你多準備一本空白筆記,每週挑選一個作業,進行更長時間的練習,因為原本書上可書寫的空間較小。為什麼?問這個問題,就像在問這些問題一樣:為何一切是空?為什麼要坐禪?為什麼要接聽別人的來電?快速而簡短的日常符號幫助我們不致過度思考我們所書寫的東西;把時間拉長則能讓我們的心更深入去思考。我希望你能相信,正在發生的事情會直接反映出我們生命的內在驅力,既寬廣又猛烈清晰。

　　這本書提出了一個為期一年的靜思計畫,讓我們有機會了解那個內在驅力,不僅僅是渴望或相信而已,而是親身去實踐,賦予它生命。每個禮拜的書寫修行都會把重點放在這七件事情上:禪定冥想、禪修儀軌、工作、身體、深入探究、藝術繪畫、以及外部世間。其中幾項對你來說可能很容易書寫;其他項目可能會比較困難。請注意你在哪幾方面的書寫特別感覺到壓力,那表示在這方面你需要精進成長。舉例來說,禪修儀軌的重點在於領悟我與一切眾

生萬物無有分別;這似乎跟你原來熟悉的其他修行儀式並不相同。儀軌可能看起來無關緊要,或者對你來說有包袱。請允許自己去探索,看看會有什麼新發現。每一週的最後一項作業(在塵世中修行),我們會檢視我們內心的道德和倫理驅力,將重點放在慈悲心、責任,以及了解外部世間是以什麼方式在支撐我們的生命。一年四季每一個季節都有不同的禪修重點,因為氣候、社會活動形態(例如假期)、寂靜與光線的動態變化均不相同。你可以在一年當中的任何一週開始進行這個禪修書寫。每個季節都有 13 週(因此大致上做這樣的區分:春季為 3 至 5 月,夏季為 6 至 8 月,秋季為 9 至 11 月,冬季為 12 至 2 月)。有些短句或重點提示會在其中一個季節被使用過一次,然後在另一個季節略作變化後再次出現。有時也會針對一位禪師做簡略介紹。若你對他們的開示法味感覺相應,不妨搜尋更多他們的話語,讓他們帶給你更多修行的養分。

　　我們將打破俗聖之分,走過痛徹心扉的悲傷,領悟全然美妙之境。這將會是充滿變化且神聖加持的一年。生命本即如此,但這一年我們要共同創作、一起走過。而那就是一切。

　　感謝你的專心致志、精進修行,還有勇氣。

春
SPRING

　　禪宗所為「萬春」，意指一個人粉碎自我，打破自我局限的邊界，不再有分別心和痛苦。在春天，每時每刻草木蒼翠，充滿未知的生機。溪流不再冰凍，唱誦「八萬四千偈」。春天的真相我們早已熟悉，但面對生命的漫長寒冬，我們卻不知何故忘卻了此一真理。我們看著一片冰天雪地，拒絕承認春天始終都在，只是隱於三尺厚的大雪之下。儘管如此，屋外仍傳來一聲拍擊，猶如太古初音：廚房外的那棵大樹，我們所定義之一切日常之我，只見一鳥巢清晰可辨。聽！小雞從殼內發出啄啄之聲，枝頭上的母鳥亦在啄殼。柔弱的生命即將破殼而出。在它微小的骨架裡，蘊藏著整個天空的等待。你會如何修持你的春天？

　　「你能將所有花朵剪下，但無法阻止春天到來。」
　　　　　　　　　——智利詩人聶魯達（Pablo Neruda）

當下一刻：如果你錯過當下這一刻，就等於錯過你的生命。花點時間留心當下片刻：你看到、聽到、感覺到什麼？清清楚楚覺知它。

....

....

....

....

....

感恩：如果我們成天抱怨，我們所抱怨之事就會日漸成真。反之亦然：我們可以用感恩來填滿我們的生命。迅速列出「感恩事項」──你現在想要感謝的東西。

....

....

....

....

....

必要之事：我們所做一切大多只是一種「填充」──並非絕對必要之行。思考你的一切作為，想想如何保持關注事物的核心。用幾句話把你的想法寫下來。

....

....

....

第 1 週

....

....

呼吸對你有益：真神奇，我們居然會忘記呼吸。你是否曾經發現，自己在緊張的情況下會「摒住呼吸」？但明明這種時候最需要呼吸來幫助你放鬆。

....

....

....

....

....

....

....

聆聽：相對冬天的寂靜，春天哼著歌兒到來。你今天有聽到什麼春天的聲音嗎？請將這首春天之歌化為文字。

....

....

....

....

....

呼喚創意：有人要禪師畫出春風，他就畫了一隻蝴蝶在花朵上翩翩起舞。你會如何表現那些看不見的東西？寫下或畫出雨的氣味，但不說出那是雨。

衆人群體：即使是那些與我們的信仰體系或價值觀截然不同的人，平常也對他們的寵物和親人相當仁慈。你和你的「敵人」還有什麼相同的善心和關心之事？

靜定：找一個舒服的姿勢，靜坐 5 分鐘。 是什麼原因讓你想移動身體？在升起感官覺受和決定移動身體之間，是否存在著空間？仔細思考一下。

....

....

....

....

建立儀軌：世俗之中無一物是神聖；神聖之中亦無一物是世俗。是不是可以試著將一些日常行為放慢（比如做飯、刷牙），將它當作一種修行儀軌來進行？

....

....

....

....

專注：工作上你最常用到什麼工具？有些人是一台電腦，有些人則是一把鏟子。請為它寫一封簡短的感謝信。說說你真心喜歡它的地方。

....

....

....

....

關照身體：禪宗僧人在剃頭前都會誦經：「這就是我表達感謝的方式。」你可以用什麼樣的梳整儀式來「表達你的感謝」呢？（不僅限於自己的外表。）

「不二」：想一個你不喜歡的公眾人物，當你看到他們時，在心裡默念此偈：「不二、不二」。他們和你乃是一體。你能這樣相信嗎？你感覺如何？

恐懼之事：對眾人講話是人們最害怕的事情，經常讓人卻步。這種恐懼害怕的心情對你的創作力和領導力帶來什麼影響呢？請列舉三種情況。

....

....

....

....

....

....

服務與被服務：每天都有很多人在為你工作，甚至在太陽升起之前亦是。醫療人員、雜貨店員、消防員、公務員及垃圾清潔員。你會怎麼向他們表達你的感謝？

....

....

....

....

....

....

....

....

呼吸／氣： 每一次呼吸都是妙不可言的禮物。閉上眼睛，感受一口氣進入你的身體，填滿整個胸腔，然後將氣吐出。用幾個詞彙來形容你剛才的呼吸（平穩？深沉？阻塞？窒悶？放鬆？）

....

....

....

....

....

恰好齋： 準備一個特別的食碗，享用一頓靜默感恩的餐食。安靜地坐著吃飯，真正去品嚐你眼前的食物，它的口感與味道、氣味。禪宗稱之為「應量器」（oryoki），凡事剛剛好就好。把心得寫下來。

....

....

....

....

....

一次只做一件事： 你無法在當下這一刻把全部的事情做完。你可以先做第一件事。然後，再做第二件事。你想做的第一件事是什麼呢？

....

....

....

....

溫柔碰觸，你的手印：坐禪時，雙手結「法界手印」：其中一手手心朝上，置於大腿上，另一手同樣手心朝上，疊在前一隻手的手心上，指關節處相疊，左右拇指輕輕相觸。你的生命是否也是一個迴圈，就像這個手印一樣？

....

....

....

....

....

保持好奇心：在內行老手看來，只有一種可能的選擇；在新手初學心中，法門可能有很多種！你對靈性修行有哪些不明白之處呢？你最好奇並且想要了解的是什麼？

....

....

....

....

....

....

成為一張白紙：為什麼我們害怕成為白紙？要從向外追求轉變成看見自己本具廣大仁厚的心性空間，需要放棄自我證明之心。你並沒有失去什麼。把想法寫下來。

. . . .

. . . .

. . . .

. . . .

. . . .

. . . .

. . . .

誠實與真實：誠實是極為深層私密的一種承諾。當你深究自己的心[※]（heart-mind），你最難對自己誠實的事情是什麼？最難對別人誠實的又是什麼？

. . . .

. . . .

. . . .

. . . .

. . . .

. . . .

. . . .

※ 譯注：依禪宗之見，心／heart 與意／mind 是同一樣東西

騰出時間靜坐：為了騰出時間來坐禪，請努力獵尋時間的「小空檔」，善加利用瑣碎時間。當一個厲害的時間獵人，現在就坐下來，隨息呼吸。將你的心得寫下來。

....

....

....

....

....

自然之舉：禪修儀軌不是耍花招。它以一種儀式的方式來展現一個群體的共同經驗。就像在球賽中一起唱歌、找到群體共同的聲音、為分享一件東西而慶祝，那樣的自然。你參加過哪些這樣地儀式呢？比如婚禮或球賽？

....

....

....

活在當下計畫未來：活在當下並非意謂我們永遠不用去計畫我們需要做的事情。只是不要讓自己迷失在雜念之中去擔憂未來。你如何讓自己在計畫未來時依然保持活當下？（你能夠注意到茶水已經燒開了嗎？）

....

....

....

....

....

....

....

天然本性：不要將禪修與控制自我混為一談。天然不修飾也是你的完美狀態。你在哪些地方會展現你的天然本性呢？（留落腮鬍？大聲狂笑？ 請寫下來。）

....

....

....

....

....

樹木長得如何：從樹木年輪的寬窄可以看出一棵樹逐年生長的情形，有些年份很寬表示生長順利，有些年份很窄表示成長遇到困難。寬寬窄窄的年輪交替，最後才形成一棵挺拔的大樹。對你來說，今年是順利成長的一年嗎？ 還是年輪瘦窄的一年？

....

....

....

....

說話者誰？：「學自己者，忘自己也」，道元禪師如是說。若真如此，那麼在說話的那個自己又是誰？ 不要解釋……直接說出來！

....

....

....

....

....

....

....

....

空中金粉：盛開的花朵雖然美麗，但花粉會讓你打噴嚏。列出你生活中的三樣東西，雖然看起來美麗但也易讓你受傷，你需要給自己留出一些空間來面對某些真實的挑戰。

....

....

....

....

....

....

禪坐姿勢：坐禪要求我們以「佛的尊貴姿勢」坐著，上身挺直，保持威儀與平衡。無論是盤腿、跪坐、還是坐在椅子上，這樣的姿勢讓你感覺如何？

....

....

....

....

讓心轉向：不要把你的心態或其他任何東西帶到當下。微微彎腰鞠躬，有意識、刻意地放掉那些東西，觀照你內心緊抓著什麼執著的想法不想改變。 你的心有「解脫」嗎？

....

....

....

....

眞正的事業：我們一生可以有很多不同的工作，但唯有一項「真正之事業」。 對你來說，這項事業會是什麼呢？

....

....

....

....

....

....

草裡的蛋：神祕之蛋！ 無論是鳥巢裡的蛋、還是復活節兔子偷偷藏起來的彩蛋，蛋都是代表無限潛力。從這個意義上來說，你覺得自己是一個「討人喜歡的好人」嗎？ 為什麼你這樣認為？

....

....

....

....

....

旅程之謎：每一年，帝王斑蝶都會進行遷徙，橫跨數個大洲，而且是南北來回一次！ 你的人生旅程是依著什麼指引而遷徙呢？ 大地、風、還是志同道合的夥伴？

....

....

....

....

....

誰是你的詩人？：請列出幾位文字魔法師。如果你心中沒有仰慕的詩人或詩歌可以幫助你改變心情、讓你更加看清楚這世間的真相，那是否有其他的靈感泉源（比如陶藝家、畫家、音樂家等）可以幫你做到這件事呢？

....

....

....

....

....

....

不說謊：撒個小謊言看似無害，有時甚至是必要的「社交潤滑劑」。但有時候我們也知道自己已經偏離核心，只是在保護「我」的某個想法。反思並寫下心得。

....

....

....

....

....

....

....

舒適放鬆的坐姿：重心是你的好朋友！培養一個你習慣的打坐姿勢，讓你可以跟禪坐建立良好關係：身體保持正直不傾斜、也不左右搖晃。將這件事當作一個日常生活隱喻，寫下你的心得。

....

....

....

....

擺設聖壇：為自己擺設一個禪修聖壇，用一朵花、一支香、一根蠟燭和一小碗水，分別代表地、風、火、水四個元素。等於將整個地球帶到了這張聖桌上。春天已經走到一半，你家的聖壇上都擺了什麼物品？是不是有什麼東西忘了擺上？

....

....

....

....

勇於面對：在工作上，我們經常會避開那些複雜困難的事情，事後才發現，我們真正需要做的就只是勇於面對。當我們不再迴避難題，就會發現其實它也沒什麼大不了的。你有過這樣的經驗嗎？

....

....

....

....

吾等即蝌蚪：春天的蝌蚪提醒了我們，除了無常變化，我們什麼都不是。要像一隻在水中游泳的蝌蚪那樣跳舞，像一隻幼蛙一樣往上跳躍。請用一筆畫（左右扭動），在這裡畫出跳舞的蝌蚪：

底線和邊界：在你和你的禪師（或其他精神導師）之間畫出一條邊界線，是很重要的事。禪修的互動是親密的，但仍需要保持相互尊重。反思並寫下你的心得。

....

....

....

誰是你的畫家？：如果你沒有喜歡的畫作或畫家可以幫你轉換視野，喚醒你的眼界，那就列出你的視覺靈感泉源（比如你五歲時的蠟筆畫、某個汽車廣告、或是其他任何東西）。

....

....

....

....

....

行止合度：安谷白雲禪師（Yasutani Roshi，1885-1973）曾經教導，正確行止的要點是：因時、因地、因職務、因程度。以現在當下合度為準，而不是依照過去。你所在之地、你的角色、要做到什麼程度，是多做或少做，皆須合度。請依據這幾個要點來省思。

....

....

....

....

....

雜念紛飛： 頭腦本來就是雜念紛飛，沒關係。心念專一是可能做到的，也是好事。坐禪則是兩者都包容。你覺得自己比較喜歡其中一個狀態更勝過另一個狀態嗎？ 為什麼你會這樣想？

....
....
....
....

合掌： 左右兩手掌心相對，雙掌合攏。因為理解到二其實是一，並依此修行，禪宗稱此姿勢為「合掌」（gassho）。對眾人、對處所、對事情，一切皆合掌。哪一項對你來說最容易？ 哪一項最難？

....
....
....
....

不計代價慷慨付出： 在工作中你是否可以更加慷慨付出？ 有碰到什麼障礙嗎？ 請列出你在哪些方面會「衡量是否要付出」。以及該如何讓自己擺脫這種有所保留的心態。

....
....
....
....

....

....

簡便氣功：身體挺直站立，雙腳分開與肩同寬，手臂輕鬆垂放在身體兩側。吸氣，以非常緩慢的速度將兩隻手臂向上舉，高過你的頭頂，然後在頭頂畫一個圓。然後吐氣，雙手慢慢放回到身體兩側。這個動作重複做三遍。是否有感覺比較平靜？

....

....

....

愛的行跡：再次感受內心的喜樂！ 禪、打坐與佛教是否讓你對世間充滿好奇？ 在這一週，你有什麼想要進一步探索的事情？

....

....

....

....

....

....

一隻鳥的飛行：用一條線畫出一隻正在飛行的鳥。不要想太多,直接畫下來。

三樣東西：為了讓世間變得更好,你覺得自己可以為下一代創造或留下的三樣東西是什麼?(或者,哪三樣東西可能會消失不見。)

初學者之心念：坐定下來，進行 10 分鐘的禪定冥想。靜坐中，每當腦海出現一個雜念，就告訴自己：「我並沒有真的知道」。然後，放下那些念頭，重新開始，將注意力帶回到你的呼吸上。

....

....

....

....

頂禮：在今天白天當中，無論什麼時候，當你開始要進行一件新的事情，都請先雙手合掌，放下心中原本抱持的一切期待，然後讓自己完全投入其中。晚上，把心得寫下來，你如何放慢腳步，並以合掌頂禮之心禮敬一切事物。

....

....

....

....

踏出第一步：真是不可思議，一件事情竟居然要花那麼長的時間才能踏出第一步！ 有沒有什麼事情是你一直拖延不想去做的？ 今天，你就可以試著邁出第一步。

....

春雨蛙：如果你的心能帶著單純的快樂靜靜歌唱，彷彿能夠活著本身就是全然歡喜雀躍之事，那會如何？

吸氣，接受啟發：我們擅長憤世嫉俗，總將一切悲傷隨氣吐出，或許需要有人幫忙提醒我們記得吸氣，接受啟發，接收那存在了數世紀的愛。你受到誰的啟發呢？是什麼樣的啟發？

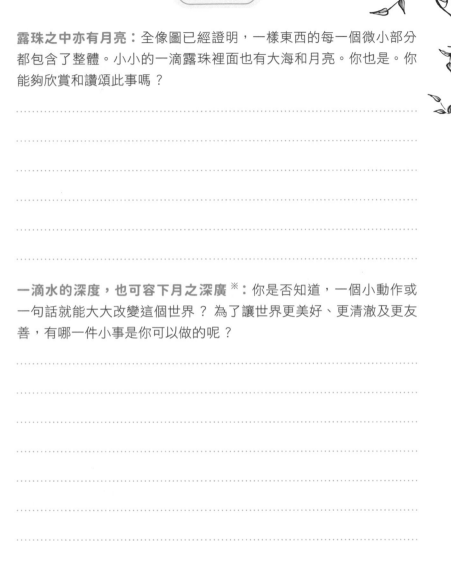

露珠之中亦有月亮：全像圖已經證明，一樣東西的每一個微小部分都包含了整體。小小的一滴露珠裡面也有大海和月亮。你也是。你能夠欣賞和讚頌此事嗎？

....

....

....

....

....

一滴水的深度，也可容下月之深廣 ※：你是否知道，一個小動作或一句話就能大大改變這個世界？ 為了讓世界更美好、更清澈及更友善，有哪一件小事是你可以做的呢？

....

....

....

....

....

....

....

※ 譯注：道元禪師《現成公案》原文為：「一滴水深，容有月高分量。」）

寂靜不動：在這個不停轉動的世間，什麼是如如不動的呢？艾略特說，它「既無來處，亦無去向」(neither from nor toward)。反思，並且下心得。

....

....

....

....

....

求偶舞：想想你珍愛的人。就像在這季節一起共舞與唱歌的鳥兒和蜜蜂，你如何與這些人保持和諧一致？

....

....

....

....

....

拋開激動情緒：我們當中某些人有憤怒的習慣，有些人則習慣抑鬱寡歡。想想你的職場生活，是不是也有這些習慣？

....

....

循序漸進： 在禪宗寺院裡，我們會帶著清醒的意識從坐禪轉換為行禪。先是坐禪，然後走出禪房，在這過程中修練了了分明的覺知。你的心念是不是也跟著變得忙碌起來？

沒有英雄： 教師失去威儀是因為他們違背了自己的誓願，或是因為我們太過將他們理想化。你有沒有對哪一位精神導師或你景仰的人失望過？你對那件事的理解是否因時空轉換而有所改變？

幼兒學步的路徑：想像一個剛開始學走路的幼兒，在房間裡走來走去、跌倒、又爬起來、大笑又大哭的畫面。用一筆畫不間斷把這條路徑畫出來：

我了解你的苦：世間有情眾生受苦之因百千萬種 —— 有因自然災害，有因疾病，或因社會不公。讓你的心盡可能去感同身受眾生之苦痛。以清醒的覺知意識，懷抱一種心念，盼眾生皆能離苦得樂，同時默念此偈：「我了解你的苦痛。」（這種無邊的熱忱，即稱為「慈悲行」）請反思，並寫下心得。

失去時間感：你是否曾有過這樣的經驗，靜坐一分鐘，卻感覺像是一小時那麼長？ 或是，10 分鐘過去，卻好像只過了幾秒鐘？ 為什麼會有這樣的差別？

....

....

....

....

親身實踐 VS. 頭腦相信：我們可能相信「眾生皆是一體」，但我們的實際行為展現卻完全不是這麼回事。將智慧化為慈悲善行對你來說是否有什麼困難？

....

....

....

....

築巢：春天是築巢的季節。你是不是築了一大堆你根本不需要的「巢穴」（只因為頭腦的負面習性所致）？ 你有沒有辦法在你真正需要的時候，為自己建造一個不同類型的巢穴，讓自己得到庇護和歇息？

....

....

無界限： 你的身體具有穿透性，可將健康和活力所需之物帶入自身內部，但有時也會帶入不健康和危險的物質。兩者並不是那麼容易清楚區分。你能真實體會這件事嗎？

書籍和教師： 與自己的親教師一起在禪房裡一同呼吸，跟透過書籍和媒體來學習截然不同。有時，個性和風格會是一種障礙。但有時，活生生的對話也必不可少。你個人的經驗是如何呢？

過程而非目的：藝術創作就像生活，注重過程而不是目的，對創作反而更有幫助。你是不是有過這樣的經驗，把修行過程與最後結果混為一談？ 是什麼事情幫助你重新回到正軌？

....
....
....
....
....
....
....

戒律：禪有一套戒律，主要是羅列一位開悟眾生該如何秉持慈悲、誠實、仁厚和道德之心過覺醒的生活。你在生活中也持守一部分戒律嗎？ 你在哪三方面可能會碰到道德戒律的問題？

....
....
....
....
....
....

靜默：寂靜是外在的，也是內在的。我們常常渴望安靜，雖然寂靜可能讓我們感到不安。你習慣靜默嗎？ 如何深化內外俱寂的功夫？

....

....

....

....

....

歡喜心：禪宗儀軌有某些偈頌是純粹聲音和感受，沒有頭腦智性上的涵義。只是單純地表達一種無限的歡喜之心，讚頌當下此刻的存在。請列出一些你自己的歡樂儀軌，比如跳舞、唱歌、彈奏樂器、做愛等等。

....

....

....

....

....

互相餵食：天堂眾生用六尺長的湯匙隔著一張大桌子互相餵食，因此全皆快樂飽足；地獄眾生用六尺長的湯匙餵食自己，因為根本吃不到食物，因而挨餓受苦。你做的事情是相互關懷還是孤軍奮鬥呢？

....

葡萄乾之外：人們在練習正念時，第一個遇到的功課通常是用非常緩慢的速度品嚐一顆葡萄乾。不是狼吞虎嚥一口吃下，而是讓你的感官完全去「體會它」。請試著用這樣的方式來吃每一口飯。你體驗到什麼？

找藉口：我們當中有一些人相當「聰明」，有些則屬於光譜的另一端、不那麼「聰明」。在面對需要學習或成長的時候，你是在光譜的哪一端呢？ 你如何看待自己的聰明？ 是不是經常自認聰明而找藉口？

一息創造者：用一口氣，畫一個圓。

錯過當下，即錯過生命：未來永遠不會到來。過去只是你在說故事給自己聽。現在此刻，你所在的地方、你所擁有的資源，一切都剛剛好，你可竭盡所能為世間眾生服務。你第一件想做的事情是什麼？

面對疼痛：坐禪時，你的腳可能會開始麻掉，你的臀部可能會有點歪斜。當你感覺不舒服，請試著單純去體驗它，而不是開始編故事嚇自己（「我該不會從此無法走路了？」諸如此類）。當你靜靜坐著不動，從這種短暫的疼痛感，你學到什麼？

....

....

....

....

....

....

全心全意：禪宗儀軌要求我們，不管做什麼姿勢動作，都要真心誠意。禪的教導是：「頂禮時，只管頂禮；誦經時，只管誦經。」你有沒有體驗過這種全心全意呢？ 什麼事情在妨礙你無法做到這種全心全意？

....

....

....

....

....

....

衆人之首：在禪宗的發願儀式當中，我們要發願——必要之行不要等待別人來做，也不要拖延。有時我們為衆人之首，有時我們居衆人背後，不求為人所見。哪個地方讓你覺得比較自在？

. . . .

. . . .

. . . .

. . . .

. . . .

向後倒，練習信任：練習整個人向後倒，請別人用雙手接住你。然後互換位置，請對方向後倒，由你來接住他。對你來說，哪一個位置（接住人或被接住）比較容易？（你也可以用想像的來回答這個問題）請深究其中的涵義。

. . . .

. . . .

. . . .

. . . .

. . . .

說教很要命：每一個人都本具開悟的內在智慧；從某個角度來說，每個人其實原本都是佛。你有沒有遇到過那種「很愛說教的學禪者（zensplain）」（就是把你當成笨蛋，居高臨下對你宣說禪法）？ 你有沒有對別人做過這樣的事呢？

. . . .

專注於一物：給自己 20 分鐘，並準備一個蘋果。用文字來書寫這顆蘋果。從果皮、飽滿多汁的果肉、圓潤的外型、紅通通的顏色，還有蘋果的一生，先是開花，然後結果成熟落地，或被人輕輕摘取。想到什麼就寫下來，但內容要緊扣你眼前的這顆蘋果。

化解憤怒和怨恨：不公不義會形成憤怒和深切的怨恨，這兩者都可能會讓我們失能和產生危險。找到方法來化解這種深層的痛苦以及可能衍生的後果，非常重要，因為唯有將痛苦化解，生命才能充滿活力。針對這個議題，請寫下你的感想。

顧好你的心：有些禪堂會禁止哭泣；因為它們有點像即將沸騰的大鍋。當你打坐時，請允許自己所有出現的情緒。你是不是認為自己在坐禪時不該出現某些感受？

....

....

....

....

....

獨處一室：讓自己單獨在房間裡，點上一支香。或是做一個完全的伏地頂禮。不需要有「對象」，只是單純真心虔誠地做這件事。你認為就算自己獨處一室，也要保持莊重之心嗎？

....

....

....

....

....

居於眾人背後：你是否能夠像個隱形人，居於眾人背後默默做事，不引人們注意，只確保眾人都得到應有的照顧？

....

....

....

找出身體的緊張處：仰臥平躺下來，膝蓋下方墊一張小椅子、或用枕頭支撐。花5分鐘時間，做一次全身掃描，將身體上的緊張感輕輕釋放掉，就像溫暖的沙子輕輕流過你的身體，然後流進地底下。你身體的哪些部位會習慣性的緊張？

漫漫道途：你是否發現，你與某個靈修法門或宗教比較相應？ 如果是，那是什麼情況？ 如果沒有，也可以寫出你與哪個宗教不相應。

白雲行蹤：想像一片藍天。觀想你注意到藍天中有一朵雲。有一股強風將這朵雲從一方吹向另一方。用一筆畫，畫出這朵雲的行蹤。

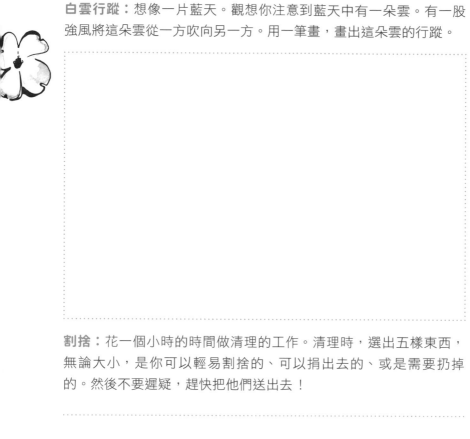

割捨：花一個小時的時間做清理的工作。清理時，選出五樣東西，無論大小，是你可以輕易割捨的、可以捐出去的、或是需要扔掉的。然後不要遲疑，趕快把他們送出去！

夏
SUMMER

　　時為夏日清晨：放眼所見，遍地草葉尖上盡是滴露。百千支草，百千滴露。你是否已從如露之夢中醒來？或者仍在夢中徘徊？禪宗所謂「夢中說夢」，就是認知到我們永遠無法完全擺脫虛妄幻想和疑惑，但我們可以活在當下，並實踐根本善行。有無量無邊之功德，亦有無數葛藤蔓延交錯，更有無盡之迷昧和失落。修行不是要你逃避其中任何一項。它是要我們腳踏實地，去感受那濕潤的青草，知道自己臉頰流著溼漉漉的淚水，而不是漫無目的徘徊，認為有更好的境界可以追求。「得安住之所，通達於道」，道元禪師如是寫道。

　　夏日之際，青色天篷罩頂、悶熱之夜晚，吾人亦不可分心，喪失清明悟見。哪裡有難治之痛苦夢境，諸佛即會現身 解你之苦厄。他們會為你示現佛身。他們除你之外別無所是。「籠籠無端，而解脫亦無端」，道元禪師又如是寫道。請拿起你的夏日之筆，全然信賴自由解脫之境，允許自己去看、去感受各種因緣條件，將草尖的夢境之露磨去。

警醒專注：我們可能會以為修行非常複雜，但其實禪宗的無上教導非常單純，就是「警醒專注！」對你來說，在哪些地方你比較容易專心？哪些地方經常容易分心？

....

....

....

....

....

燃燭：在禪壇上，蠟燭代表火元素與光明。坐禪之前先點一支蠟燭，召喚你內心的光明佛性，以及火的奧祕。反思，並寫下心得。

....

....

....

....

....

搞砸了：有時，我們就真的是把事情搞砸了。我們讓眾人失望；無論事大或事小，我們都有可能沒有完成任務。或者有時候，我們真的做錯事。停下來，回想自己曾有過的一兩次類似經驗，承認自己搞砸了。然後，將它放下。

....

....

....

....

....

....

不要困在你的浦團上：打坐完畢起身下座之前，發一個願，告訴自己要帶著坐禪的心境度過這一整天。你就能夠隨時都從頭開始。請用幾句簡單的話，把你發的願寫在這裡：

....

....

....

....

....

代代傳承：我們的某些老師尚未出生。我們的後代來人正在對我們說話。你是否有聽到他們說了什麼？

....

....

....

....

....

....

茶道師：找到適合你手掌大小的杯子。當你泡茶或倒咖啡時，讓所有感官覺受都參與進來。現在，你被這杯飲料和覺知意識喚醒了，用幾句話來描述，如何成為一個既善良又慷慨的主人公。

. . . .

. . . .

. . . .

. . . .

. . . .

. . . .

拯救壞心情：有時，我們沒有把事情搞砸。相反的，我們做得非常出色。完成了不可能的任務。回想過去類似的一兩次經驗，然後，將它放下。

. . . .

. . . .

. . . .

. . . .

. . . .

. . . .

. . . .

內心的小警總：注意，不要在打坐時自己創造出一個內心的小警總。如何寂靜不動、如何專注呼吸，等等諸如此類法則，都是為了讓你保持神智清醒。當你還在摸索這些方法，卻不經意斥責自己時，請務必記得那個深層用意。告訴你內心的小警總：「滾開！」

....

....

....

....

....

....

沒什麼特別稀奇：有時我們會太過在意儀式。應該培養一種以平常心視之、認為沒什麼特別稀奇的態度，如果發現自己變得太過嚴肅和嚴厲，就好好嘲笑自己一番。你是否有過這樣的經驗，會對儀軌或儀式產生「過度反應」？

....

....

....

....

....

....

....

什麼都不做是禪修的一部分：要學習讓自己休假2分鐘。放下包袱，讓肩膀徹底放鬆，做幾次深呼吸。你如何做到「什麼都不做」？

....

....

....

....

非凡而寶貴的一生：瑪麗・奧利弗（Mary Oliver）有一首詩叫做《夏日》，在詩的結尾她問到，你打算用你那「非凡而寶貴的一生」來做什麼？你現在所過的生活，可以回答她這個提問嗎？

....

....

....

....

這叫什麼名字？：名字並不等於東西本身，反過來說，東西也不等於它的名字。「母親」這個詞彙並不是母親本身。話雖如此，如果知道名字，我們還是比較能用愛與尊重與之溝通。寫下五個你深愛、敬重，或是深深欣賞的人的全名。

....

....

藏在葉子裡：葉片展開之前，當中會有一處特別而嬌嫩的黑暗。請讓自己置身於那黑暗之中，並為它取一個名。

閉眼傾聽：在大自然中找一個安全的地方，輕輕閉上眼睛，靜坐3分鐘。按照你所聽到的聲音順序，寫下聽到的聲音（盡力回想即可）。

對你的心仁慈：練習在心裡對自己説話，就像對自己非常尊敬的人說話一樣。你想對自己説些什麼仁慈的好話呢？

....

....

....

....

....

尊重與祝福：當我們尊重某物或某人，我們也會受到尊重。當我們祝福別人，我們也會得到祝福。今天，你可以對誰或對什麼事表達你的尊崇？ 你想把你的祝福送給誰？

....

....

....

....

....

崎嶇的道路：有時，我們還是需要在崎嶇的道路上勇往前進，一步接一步，即使我們不清楚最後會到達哪裡。在修行功課上，你需要前進的一步是什麼？

....

....

....

走路、跑步、跳躍和跳舞：給你的身體一些驚喜，用不同的速度來喚醒它。我們當中有很多人都會被固定的幾種肢體動作模式綁住，忘記了我們過去常常蹦蹦跳跳、手舞足蹈。你能做出什麼不同的身體動作嗎？

....

....

....

....

有毒思想：擁有初學者之心是很棒的一件事，但有時讚頌一下那個經驗老道的自己，也是一種智慧。因為我們已經學會不在有毒的思想中反覆輪迴。如何對有毒思想保持小心警惕和警覺呢？ 把你學到的方法列出來。

....

....

....

....

夏 49

豐富你的語言色彩：稍微玩一下語言遊戲；讓自己説出一些從未說過的詞語。首先，請創造五種新顏色的名稱，例如：「牛奶蘋果粉」、「嚴重麻煩紅」、「奶嘴藍」。

......

親愛的民意代表：給政治民意代表或公眾人物寫一封短信。感謝他、鼓勵他和引導他：多使用好話，不要分別你我，也不要用以上對下的態度來説話。

......

吊床和船塢：有時候，最好的打坐蒲團就是吊床、野餐毯和湖上船塢。你是否曾在戶外一望無際的天空下打坐冥想？ 是在什麼地方呢？

....

....

....

....

....

碗的正中央：在禪宗，我們會點香炷，有時是用來作為打坐時間的計時，有時是為提醒自己一切事物的無常本質。把一炷香插在一碗香灰（或生米）的正中央，代表保持不偏不倚。以溫柔的心反思你生命中的一切無常。

....

....

....

....

....

包袱太重：在修行或工作上，你背負了哪些重擔？ 是不是能永遠、或暫時把它放下？

....

....

....

夏

清醒的姿勢：坐禪時，我們以清醒的尊貴姿勢，坐在地板上，如如不動，靜默不語。今天，請試著靜坐 10 分鐘，並告訴自己，不管身體出現什麼感覺，都不要移動，也不需要把你經歷到的事情說出來。當你起身下座，請對你所坐的那面地板表示感謝，感謝它支撐著你。

金言佳句：用你自己的話，把你最喜歡的金言佳句重新寫出來，可以是禪師的開示，也可以是其他對你具有啟發性的話語。

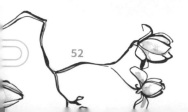

....

....

動物禪：頭腦裡想著一種動物。閉上你的眼睛，想像當你睜開眼睛時，你就可以從這隻動物的角度來看世界。你們有什麼共同點？牠有什麼擅長之事是你目前做不到的嗎？

....

....

....

....

....

起心動念事關重大：業力（一種持續性的行為傾向）是由我們的行為、言語以及想法共同塑造而成的。它創造了我們的實相世界。你會想要住在一個由什麼樣的起心動念所塑造的實相世界呢？

....

....

....

....

....

正念：閉上眼睛片刻，聆聽周圍環境的聲音。有沒有哪些聲音是你不曾聽過的？

....
....
....
....
....

尋花：在禪壇上，佛像右側擺著一朵花，代表大地。是否曾經有一朵花，它改變了你的心念、或讓你突然踩煞車不做出什麼事？

....
....
....
....
....

無事閑人：有一個古老的公案（禪師指導學人所使用的故事），一位禪師提醒他的學生，因為那位學生總是顯得忙忙碌碌：「你應知有人是無事閑人」。你能在你的工作當中找到這位無事閑人（你內在的寂靜不動）嗎？

....
....
....

第 18 週

衰老、生病和死亡：你從人會衰老這件事學到什麼？ 你從生病當中學到什麼人生功課？ 遭逢親友死亡有沒有為你的生命帶來啟示？

永遠保持一無所知：要真正學到東西，你必須讓自己成為一個初學者，真心認為自己一無所知。哪些方面你覺得容易做到？ 哪些地方你覺得比較困難？

夏　　　　　　　　　　　55

虔敬之心：禪宗的藝術家往往對他們的工具（茶具、畫筆等）保持著虔敬之心。請用一種帶著深刻專注虔誠的心，來描述你的鋼筆、畫筆、樂器等等。

....
....
....
....
....
....
....

只管聆聽；不說話：這樣做就好！ 就像你做某件事，就只是因為那件事情需要有人來做。類似這種感覺。

....
....
....
....
....
....
....

也會有懶散怠惰時：有時，我們真的就是很懶散。我們想要打個盹，事情全部讓其他人去做。有時，我們會迷惘不知所措，只想馬馬虎虎度過。你如何喚醒自己的精進之心？

....

....

....

....

....

當你覺得這樣很蠢：學佛的人會做各種愚蠢的儀式，比如誦經，或是用非常緩慢的速度行禪，對著香炷頂禮鞠躬，還把頭髮全部剃光！ 是什麼原因使得這些愚蠢的行為變成一種關懷、關注和慈悲的行為？

....

....

....

....

....

放下手機：把你的手機暫時關機。還有電腦也是。仔細察覺你的心念：你是否變得焦躁不安？ 還是變得比較平靜，或有其他感覺？

....

....

痛苦是真實的：雖然我們也可能自己去加深某些事情的痛苦感，因為我們會幫它編劇本，但是不可否認，有時那種痛苦感是非常真實的，就像磚頭砸在我們頭上。在你的修行路上，肉體或情緒上的苦痛扮演了什麼重要角色？

我想要與眾不同的公案：不管是對禪宗學人、或是對所有人類來說，別人的蒲團上面長的「吉祥草」看起來總是比較綠。我們總是想要一個跟別人不同的公案（挑戰我們的實相）！ 請反思自己是否也有此情形。

....
....
....

頓悟：列出你人生中五個重大轉變時刻，或是在意識上、想法上的
突然頓悟、覺醒和改變的奇蹟。

....
....
....
....
....
....

需要被寫出來的書：假設你獲得寫作天賦和寫作時間，要你來寫一
本會對人類產生巨大、積極影響的書。那這本書的書名會是什麼？

....
....
....
....
....
....

夏

完全私密：禪定冥想能夠提供你一條路徑，讓你進入一個完全私密的空間，也就是你的心。你在那裡感覺自在嗎？ 你是渴望進入它、還是想要逃避它？ 或者你有其他想法？

....

....

....

....

我要黑咖啡：回想你日常生活中的一些固定儀式工作，比如為別人倒茶倒咖啡，或是接受別人幫你服務的經驗。你有沒有曾經因為對方的一個善意表情、一句真誠的感謝，而改變了你一整天的心情？

....

....

....

....

把碗洗乾淨：禪師問新學：「吃飽了嗎？」學生說：「吃飽了」。禪師說：「去洗碗。」如果我們上一餐的碗裡還裝滿了東西，也就是先前的體悟，那我們就沒有空間可以容下新來的東西。你是不是也需要「把自己的碗洗乾淨」呢？

....

人的脆弱性：一位登山者從一次大冒險中平安返家，然後在他家前門台階上因為一塊硬幣大的冰而跌倒，結果在輪椅上度過餘生。人的脆弱性是否會影響你冒險的意願？

....
....
....
....
....
....

如果非由我，那由誰；如果不是現在，更待何時？：沒有其他人可以為你的修行生活負責，也沒有其他時候比現在更適合修行。你今天需要關心的是什麼課題呢？

....
....
....
....
....
....
....

未來紙條：寫一張小紙條給 5 年後的自己。你希望自己記得什麼事？

....

....

....

....

....

....

領導眾人：感謝你生命中的一位領眾者，因為他讓這個世間變成一個更有慈悲心的地方。請具體說明你想要感謝的事情。

....

....

....

....

....

....

....

各式各樣的心態：打坐時的姿勢會反映出我們的內在心態；意氣消沉時，身體會慵懶無力往下塌陷；覺得驕傲時，下巴會往外突出。請嘗試稍微收緊下巴，花點時間放鬆你的下巴，並將你脊椎頂端的緊張感全部釋放掉。當你「抬頭挺胸」，你的心態是不是也會跟著改變？

....

....

....

....

....

誦偈：今天，選幾句偈頌在心裡默念，例如：「我在」或「不二」。把它當成一首歌的歌詞，反覆誦念，然後將它放下。寫下你的心得。

....

....

....

....

....

不留任何痕跡：當我們把一個空間交給下一個人使用，可以藉之修行的做法就是不留任何痕跡。換句話說就是，離開前把空間清理乾淨。這對你來說容易嗎？還是很困難？

....

....

左右鼻孔交替呼吸：靜靜坐著，閉上眼睛，將右手食指和中指放在「第三眼」（眉心）的位置。用右手拇指輕輕按住右鼻孔讓它關閉，同時吸氣。然後將拇指鬆開，用無名指壓住左鼻孔讓它關閉，然後用右鼻孔吐氣。就用這種方式，重複做幾次深呼吸，從一個鼻孔吸氣，然後用另一個鼻孔吐氣。大部分人重複這樣做幾次之後，心情就會平靜下來。你呢？

佛法浩瀚廣大：列出一些你想在禪宗、佛教或其他修行法門之中去了解、探索、研究或聽聞的事情。

畫一片綠葉,但不使用綠色:把它畫出來! 如何在不將葉子塗成綠色的情況下,用它來代表夏天、綠色、青翠?

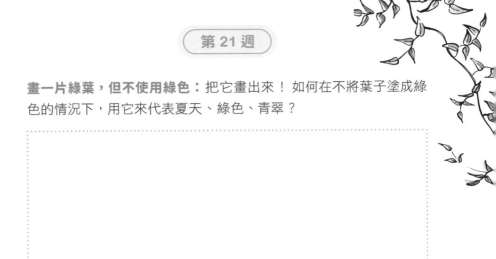

樂意爲他人效勞:今天、以及這個禮拜當中,請成為這個世間的僕人。撿垃圾、寫社論、給某人烤蛋糕 —— 任何事情都可以。在這一週,你找到哪些服務他人的方式呢? 什麼樣的服務讓你特別覺得有善用自己?

不斷回到一：找到一個舒服的姿勢，靜靜坐著，做5分鐘的靜坐數息（數呼吸）練習。首先，吸氣時數「一」，然後吐氣數「二」，這樣繼續數息。數到十之後，再從一開始數起。這個數息法是否有助於你保持專注？

....

....

....

....

....

沒有魔法：儀式不是魔法；不過，它們確實可以深化和（或）改變我們看待自己的方式，讓我們自己和他人的關係也得到改變。你曾經有過這樣的經驗嗎？

....

....

....

....

....

誰負責廚事？：想想看，是誰幫你購買食材、為你做飯、清洗碗盤、倒垃圾以及把垃圾收走。在禪宗裡面，我們稱之為七十二勞者（意思就是多勞）。你有想到哪個人嗎？

....

....

自我炫耀：從不同的社交工具及平台中，我們會發現有些人會希望自己在上面看起來很漂亮，甚至會刻意炫耀。你有發現自己會為了出現在社交媒體上而刻意打扮嗎？ 還是你可以用平常的面目示人？

是爲你還是爲我？：有時候我們很難去判斷，一位教師或指導者究竟是為了滿足自己的需要，還是真心在教導他人。什麼事情可以幫助你釐清這件事呢？ 是否曾碰到什麼阻礙？

一口氣成詩：用幾句話來寫出夏天。請用一兩口氣的時間寫完，這樣你就不會想太多！

....

....

....

....

....

....

....

垃圾減量：有哪些簡單的方法可以減少製造垃圾量？

....

....

....

....

....

....

....

不數息呼吸：之前我們已經練習過靜坐時數呼吸。現在，請把注意力放在你的呼吸上就好，不要數一、二、三。你覺得這樣比較困難、還是比較容易？

....
....
....
....
....
....

用筷子和湯匙：我們所使用的餐具，會改變我們跟做為我們食物的生命之間的關係。請反思，用叉子直接插在食物上，跟用湯匙或筷子夾起食物，兩者有什麼不同。

....
....
....
....
....
....

發出你自己的聲音：你是否曾經在工作上直截了當說出自己的看法？ 把這個經驗寫下來。

....

....

....

....

....

洗手：在這個時代，我們已經知道洗手有多麼重要，你會怎麼洗手，來讓自己體驗這件令人愉快、美好，又值得感謝的事情呢？

....

....

....

....

....

學習飛行：母鳥會讓他們的幼鳥相信，再怎麼樣他們都有能力離開巢穴、自己在空中飛行。你有沒有過這樣的經驗，在某個時刻，你根本不知道如何往前進，但最後還是踏出去了？

....

....

....

....

....

尋到屬於你的音樂：什麼樣的音樂會讓你感覺生命充滿活力？ 而你有沒有注意到，你喜歡的音樂會隨著時間改變？

......

......

......

......

......

......

......

與眾人一起唱歌／誦經：回想一下，你曾經與他人一起唱歌、跳舞或誦經的經驗。與眾人一起在盛大場面中互動的表現，會讓你有什麼感覺？

......

......

......

......

......

大腦的雜念：當你更深入坐禪，你就能察覺到自己腦中升起的一切念頭。請用1、2分鐘的時間做意識流自由書寫，你腦中出現什麼念頭，就用筆寫下來。如果你不知道要寫什麼，就留下「我不知道要寫什麼」。

....

....

....

....

....

海青就是你的牛仔衣：在晨間打坐之後，佛教徒會穿上海青長袍，開始誦經，然後他們一整天都會穿著這件衣服。他們穿這件衣服不是為了追求成就，而是為了覺醒。你對這件事有什麼感想？

....

....

....

....

螢火蟲之語：螢火蟲用光互相交談。如果不使用語言，你會如何跟你的同事交談？

....

....

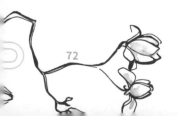

感受杯子：我們可以透過握住一樣東西來進行觀察。握著你最喜歡或最常用的那個咖啡杯，靜靜品嚐這杯咖啡。把你的感受描述出來。

不明白自己是誰：當你跟隨一位禪師學習，禪師所教導的內容，全部都會涉及一個主題：你是誰？禪師會隨手用他身邊東西來指向那個問題。最近你有沒有因為什麼事情，讓你對自己的自性起疑？

聲音可以有多少種？：用你身邊可以拿到的幾樣東西，創作2分鐘的節奏音樂（沒錯，你也可以敲打鍋子！）你有什麼感覺？

....

....

....

....

....

....

認識你的鄰居：你的鄰居是誰？ 有什麼方法可以讓你們更彼此親近嗎？ 你家裡附近有沒有老人／殘疾人士／或是偶爾可能需要你幫助的人？

....

....

....

....

....

....

啜一小口平靜：深吸一口氣，然後將氣全部吐出，從腹部一路到地球的盡頭。在這一天當中，試著讓自己暫停下來幾次，啜一小口平靜。這是否對你有幫助？

....
....
....
....
....

七十二勞者為我們帶來食物：不只廚師和農夫──還有哪些人（用隱微的方式）帶給你身體、情緒、以及精神上的食物呢？

....
....
....
....
....

不明所以：有時，除了與陌生之物共處之外，別無他法。你是否曾遇過這種情形，在自己的工作上、或是幫別人代理職務時，完全搞不清楚狀況的時候？ 結果如何？

....
....
....

陽光下的冰淇淋：我們當中有人喜歡混亂，有人則不計代價避免它。然而，作為肉身人類卻難免混亂。你是否也曾經在混亂中求生存？ 回憶一下那次的經驗。

新想法：你最近讀過的一本書、一篇文章、一篇散文或一首詩，有喜歡或是不喜歡的作品嗎？

用一筆畫：描繪你自己呼吸的聲音。

異地他方：在 60 秒內，把你所知道的國家盡可能寫出來。是不是有些國家和文化感覺上跟其他國家「非常不同」？ 如果是，那為什麼會有這種感覺？ 如果不是，那是什麼情況？

....

....

....

....

....

....

迷失在空中：坐禪並沒有一個絕對的 1–2–3 標準步驟，雖然老師們有時候會這樣教導大眾。事實上，我們必須讓自己偶爾迷失方向，才能找到真正的途徑，找到自己需要走的路。你對於「放下方向」這件事有什麼看法？ 稍微反思一下。

....

....

....

....

....

寺廟廚房：在禪宗寺院裡，廚房被認為是禪堂的另一個部分。它是一個神聖的活動場所，在那裡，所有的生命都到敬重與重視。你能在你的廚房裡找到寺廟嗎？

....

....

....

....

....

蛇與蛇咬：夏季經常有蛇出沒，在戶外避免踩到蛇的一種方法是，一路都踩著小路上的木頭行走，不要直接踩在地面，因為蛇會躲在看不見的陰暗處。在工作場所中，你該如何「踩著木頭」行走，以免不小心惹到一條熟睡的蛇？

....

單純浮在水面：有的時候，不要那麼費力，只要讓自己像是漂浮在溫暖的湖面上一樣，對你會有幫助。有時什麼都不需要「做」，只要單純的「存在」就好。你有注意到這件事嗎？

生命將盡時：如果你的生命只剩下幾個星期，而且你體力依然很好，你最需要去做、或最想去做的事情是什麼？

與友同行：吹口哨、哼歌或者唱歌，總之就是發出一種聲音，來表達身邊有友伴同行的感覺。那是什麼感覺？

....

....

....

....

....

....

....

慈悲心：就你記憶所及，你親眼見過，或你所知道最有慈悲善心的一件事情是什麼？

....

....

....

....

....

....

....

秋
AUTUMN

秋天之心，乃是知曉事物總有失落之時。炎熱夏季裡生機勃勃的蒼勁綠葉，此刻即將轉為枯黃。於此時節，我們內心開始有所疑惑，是否事物的存在就只是為了失去，但此際，我們也懂得更加去珍惜，想要將它們深深印在記憶裡。夏天的單一青綠，此刻炸開成滿是琥珀、黃金、蘋果和南瓜的山坡。隨著炎熱白日逐漸消逝，人們在夜晚生起火堆，開始編織毛衣。你我皆知，時間不會等人。我們知道冬天即將來臨。除深刻的危脆無常感受之外，別無他物，但每一種感受卻都值得讚嘆。

沉浸在秋天幾乎令人窒息的失落感之中，你的書寫將有如熬煮南瓜湯和製作餡餅，那香氣足以療癒破碎的心。與秋天時序同步書寫，就像農夫在田裡收成，就像穀物被收割。秋風會將落葉吹向田中堆肥，任其自然回歸大地家園。沒有一件事情有錯，但悲傷卻是如此真實，無法否認。最幸運者反思自心，並將家人與摯愛親友團聚在一起，歡喜慶祝之餘，也凝聚力量準備迎接即將到來的寒冬。研究天象和地理，讓大地為你訴說世間實相。你有好幾個禮拜的時間，可以讓你的話語滿懷感恩真情。

當你失去定境：有時候，我們在坐禪時心神非常集中、定境深沉、甚至感覺非常美妙。但過不久就失去這種定境，我們的心變得忙忙碌碌、甚至易怒或浮躁。人就是會如此，修行過程勢必艱辛。請反思之，並寫下心得。

....

....

....

....

....

收成：佛教有這樣的修行法門，首先你要感謝你深愛的人，接著是你認識的人，然後是陌生人，最後是那些讓你痛苦的人。在這四類人當中選出一位，給他寫一封感謝信，感謝他成為你人生當中成長的一部分。甜美的果實與苦澀的養分，同時盡皆採收。

....

....

....

....

....

挫折並不好玩：想想，是什麼原因使得挫折使得我們的某些工作感覺起來格外有意義。是否在某些方面你比較容易（或不容易）遇到挫折？

....

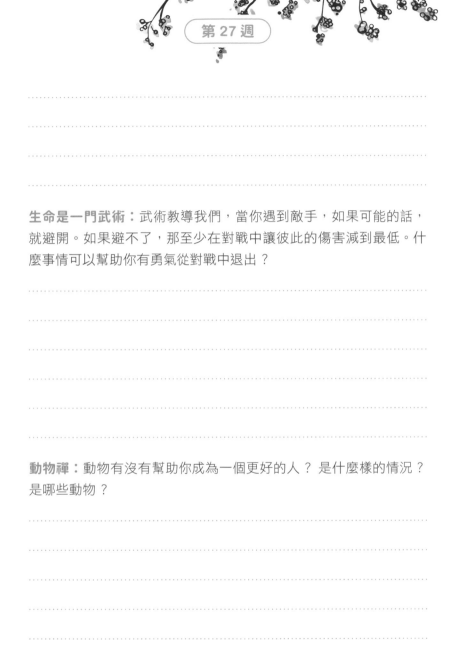

生命是一門武術：武術教導我們，當你遇到敵手，如果可能的話，就避開。如果避不了，那至少在對戰中讓彼此的傷害減到最低。什麼事情可以幫助你有勇氣從對戰中退出？

動物禪：動物有沒有幫助你成為一個更好的人？ 是什麼樣的情況？是哪些動物？

第 27 週

成為雷電：不要使用你的雙手，請表現閃電和打雷的感覺。然後用一句話來描寫暴風雨過後的寧靜。

....
....
....
....
....
....
....

地形地勢：哪一種地形讓你感覺最舒服？ 你最喜歡或是最敬畏的地形又是哪一種？ 什麼地形你覺得最沒意思？

....
....
....
....
....
....
....

帶著鼻涕打坐：在嚴肅的禪堂大廳裡，你很可能連鼻涕都不會去擦。你就只是任它自然，然後繼續打坐，直到結束的鈴聲響起。當你感覺身體有點不舒服，寂靜不動會不會對你有些幫助？

....

....

....

....

....

未來會出生：一切皆從現在開始。未來就是現在播種所結的果。請給這個新生兒最棒的祝福，並為即將出生的未來許一個生日願望。

....

....

....

....

....

善意的麻煩：你曾經在工作上製造過善意的麻煩嗎？為被虐待的人挺身而出？參與罷工？大聲疾呼只為了反對不公平待遇？

....

....

....

....

生命的奇蹟：帶著不勞而獲的禮物，使我們得以好好活著！它永遠不會得到回報，但它可以被頌讚。你會用哪些方式來慶祝今天這充滿活力的生命奇蹟？

....

....

....

....

....

談心的對象：如果能有一個人跟你一起深入探究你的價值觀與生死抉擇，那對你會有非常大的幫助。當你有這樣的需要時，有這樣一個人可以跟你一起討論嗎？（如果不限定是還活著的人，你有沒有想到誰可以作為你的談心對象？）

....

....

....

....

....

火中蓮花：沼澤裡的熱氣和淤泥使蓮花盛開綻放，餵養它一切所需，讓它展露出美麗的風采。請以素描畫出一朵火中蓮花，或是其他東西也可以，來表達你信賴人生一切處境與生命的自然開展。

交代後事：禪宗僧侶的行囊裡都會帶著足夠支付喪葬費用的錢，這是在教導禪者要自己承擔責任。你的後事都交代好了嗎？跟家人溝通了嗎？如果沒有，你該如何完成它才不會把這件難事留給別人呢？

疏於坐禪：應該有一段時間了吧！你愈長時間沒有打坐，就會愈難重新開始。每個人都有過這樣的經驗，無論是打坐、還是鍛鍊體能。這沒什麼大不了的，就算困難也無所謂，只要再從頭開始就好。請反思，並寫下心得。

....

....

....

....

好人不長命：你的心都碎了，像掉進深坑爬不出來，任何言語都不足以表達你的傷心。用幾句話，把失去愛人的感傷寫下來。你是否曾經在失去所愛之後，重新再次去愛？

....

....

....

....

....

社群媒體不適症：這一代人比以往任何時代都更容易取得資訊和娛樂管道。我們很習慣跳進兔子洞裡，迷失在無止盡的散亂之中。對治之道第一步就是要承認這件事很困難。你現在是處於什麼狀態？

....

....

不踏斷一根枝條：當我們全神貫注於前方的目標時，很容易錯過腳下的步履。如果可以的話，在樹林裡練習走路，盡量不發出聲音。當你把目光專注於腳下，用整個身體、用全部的心思去走路時，你有什麼發現嗎？

直入你心：有沒有某人曾說過的話、或寫過的文字，讓你感覺直入你心？

樹葉掉落的姿態：想像樹葉掉落的姿態，用五個新名詞來形容它。純粹好玩的練習。觀想你的眼中盡是落葉，然後幫它取一個名字，比如：「焦糖般混亂」、「曖昧之輕浮」、「掉落的哀憐」。

....

....

....

....

....

....

讓哭泣的孩子開心起來：小孩子並不會因為你告訴他「要冷靜」就安靜下來（事實上，沒人做得到！）你如何讓哭泣的小孩開心起來、重拾笑容？ 觀想你自己真的具有這種魔法力量。

....

....

....

....

....

....

成為愛：我們如何「變成」愛，或「直接成為」愛本身？ 就是去愛人。找到那朵纖細的愛之雲，或是它的表兄弟，愛的颶風，讓它來觸動你（或是將你傾覆）。你有任何心得嗎？

....

....

....

....

....

如何放下：禪師遞給你一根棍子。「放下」，他說。你坐在那裡，把棒子握在面前，不知道該怎麼辦。禪師拿起那根棍子，說：「就這樣」。棍子掉在地上，你們兩人同時笑了出來。什麼是你生命中的那根「棍子」呢？

....

....

....

....

....

就算世界即將毀滅：當文明看似走到盡頭，沒有任何一件事情真正完美到位。我們很容易卡在修行當中停滯不前，而且感到疲憊不堪。不過，即使事情看起來很糟，有人還是能找到方法讓自己保有善良、創作力，以及愛心。請反思之。

....

對月怒吼：沒有什麼能比得上一次真正發自內心的怒吼。有時需要把身體完全交給那廣大無邊之境（有時沉浸於美好，有時沉浸於悲傷）。何時你會需要對著浩瀚的黑暗天空、寂靜的白色月亮大聲怒吼嚎哮？

誰也阻擋不了蓮月：日本尼僧蓮月（Rengetsu，1791–1875）遭逢世人難以承受的無數心碎（親生孩子早夭、失去宗教庇護所、丈夫背叛和死亡等等），但她依然沒有停下腳步，最終成為日本史上有名的藝術家、宗教家、和歌詩人以及教師。請試著在這裡寫一封短信給她。

畫出大寫字母 A：盡你所能，漂亮地畫出字母「A」。讓它代表一張新字母表的開端，一種更新過的語言。

好人：很多人，或大多數人都渴望成為他們認為的好人。試著回想一下，你是在什麼時候受到衝擊而了解到，不管有人自制力很強或是生性懶散，他們都盡力想要當一個好人，而他們對好人的定義卻跟你不一樣。

第 31 週

....

....

....

不打坐：有時候，打坐可能不是你需要的。你身體發高燒。你鬱悶得要命。你整夜失眠。有時候，休息或尋求專業協助可能會更合適。你是否發現，有時你會自我要求過高，無法單純而且堅持不懈地養成自律的習慣？

....

....

....

....

爲自己寫追悼文：請寫一首短詩，讓人們知道你已往生的消息。

....

....

....

性別關注：你的性別是否有影響到你的工作生涯？ 列出五個小影響或是一件重大影響。

....

給人方便：很多公共場所，包括禪堂在內，都尚未設置方便殘疾人士使用的空間設備。你有過類似經驗嗎？

閱讀螢幕：自從大多數人開始在螢幕上閱讀，你的閱讀習慣是否也發生了變化？ 你對這件事有什麼感想？ 你懷念紙張的溫柔嗎？ 你還想到什麼？

收到電子郵件：給自己發一封表達感謝、又好玩有趣的電子郵件，就像寫信給你最好的朋友一樣。

....

....

....

....

....

....

....

熱烈的愛：作為一個禪之行者（在生活中修行的人），並不代表消極厭世或是沒有一絲激情。事實上，學禪者與「十方一切有情眾生」之間的關聯更為密切。眾生的苦難就是你的苦難；你被要求以慈悲善行來承擔一切。儘管如此，你還是有能力可以不迷失於憤怒和情緒反應中。請反思，並寫下心得。

....

....

....

....

....

....

真實智慧： 在禪宗法門中，打坐並不僅僅是緩解壓力而已。它的目的也是要使人覺醒，認識自己真實的、無邊無量的自性，並活出那個實相。有些學人渴望去追求智慧；有些學人則相信，人人本具智慧，無需向外去追尋。你有什麼看法？

....
....
....
....
....

秋天之詩： 寫一首三、四行的短詩，來表達你已準備要放掉你身上的「枯葉」，並相信你可以自由創造新生命。

....
....
....
....
....

轉換心態： 無論是走到你家裡的辦公桌前，還是搭乘火車、計程車、公車，或是騎自行車上班，過程中你是否有將你的心態轉換為工作意識的瞬間？ 寫一篇短文來關注這個心態的轉換過程。

....
....

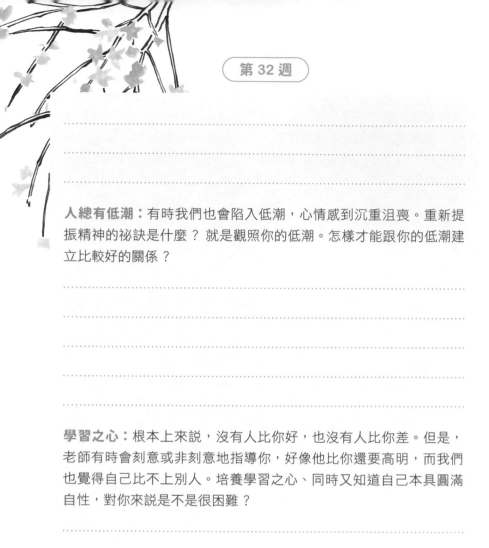

人總有低潮：有時我們也會陷入低潮，心情感到沉重沮喪。重新提振精神的祕訣是什麼？ 就是觀照你的低潮。怎樣才能跟你的低潮建立比較好的關係？

學習之心：根本上來説，沒有人比你好，也沒有人比你差。但是，老師有時會刻意或非刻意地指導你，好像他比你還要高明，而我們也覺得自己比不上別人。培養學習之心、同時又知道自己本具圓滿自性，對你來説是不是很困難？

單純:保持單純,畫一條直線。

嚴謹和鬆散:有些文化很「嚴謹」,喜歡一切事情都很準時、依照既定規則進行。但有些文化則比較「鬆散」,對於遲到和違反規則比較能留餘地。你是屬於哪一種?

秋

沙發馬鈴薯：一樣都是坐著──不管是在坐在沙發上看電視，還是盤腿在蒲團上靜坐。讓自己有一個特定的地方來打坐，對你會很有幫助。你靜坐的地方是在哪裡？

. . . .

. . . .

. . . .

. . . .

. . . .

沒有意義的詞語：禪宗的有些偈頌是無法翻譯的，因為那只是純粹的聲音（就像「哇」或「哎喲」都是不需要翻譯就能理解的聲音）；它們的功能比較像是音樂而不是智性的教導。請反思，將心得寫下來。

. . . .

. . . .

. . . .

. . . .

. . . .

不靠投票：並不會有一種集體投票，來決定我們這一生是否過得好、是否做了許多善事。在我們死後的世界，衡量好壞的標準可能會改變，之前可被接，或認定為善行的東西，可能會依據新的標準重新判定。你要如何鼓勵自己盡力而為就好？

. . . .

. . . .

不是像士兵站崗：打坐時，身體要挺直，但要保持放鬆。精神狀態是清醒的，但不是精神緊繃。對很多人來說，讓自己徹底放鬆而不要睡著，幾乎等同一場革命。你是什麼情況？

不做文字奴隸：有一個明顯的悖論，禪宗文學非常重視不依賴文字。要怎樣才能把你所學到的東西化為你自己的？

勇敢無懼：在你的生活當中、你的藝術創作或是你的人際關係，是否有哪些事情需要「從樹上勇敢展翅高飛」？

....

....

....

....

....

....

....

....

停止執行程式：每個人從出生開始就受到父母、同儕、老師，或是文化的影響。你認為有可能打破這種機器人般的存在方式嗎？

....

....

....

....

....

....

一次次重新開始: 我們來到一個新的境界。很棒的心境狀態。我們開始相信自己已經得到開悟。然後,我們用很差的態度對待人。這是否代表修行完全沒用?

....
....
....
....
....

朝聖: 假想你策劃一次登山旅行,一路順利攻頂,在那裡,放眼看去一切地形地勢都一清二楚。現在你從山頂下來,進入街市鬧區。你會遇到哪些挑戰?

....
....
....
....
....

文思枯竭: 如果我們堅信,萬一我們被看得一清二楚,就會被人拒絕,那我們的創作力就會停止了。那萬一你不管如何都會被人接受呢?

....
....

....

....

....

用腳趾呼吸：坐在椅子上。觀想，從你雙腳拇指吸氣，然後同樣從那裡吐氣。接著換下一根腳趾頭，繼續這樣吸氣吐氣，一直做到小趾。（順帶一提，去牙科看牙時很適合做這個練習）。請寫下心得。

....

....

....

....

....

反覆練習：修行上也有所謂的基本功，就跟學樂器一樣，你會一遍遍反覆練習音階，即使過了很多年還是一樣。你有沒有這樣的經驗，當你反覆做同樣一件事，結果卻有新的發現？

....

....

....

....

....

....

定中磨墨：禪宗水墨畫家會利用時間一邊磨墨一邊練習禪定。他們會用非常緩慢的速度，在盛著水的小盤子裡磨墨，讓自己預備好作畫的墨水和心境。在你開始畫畫之前，有什麼練習禪定的方式嗎？

....

....

....

....

....

一滴水匯歸大海：你知道你家的自來水是從哪裡流過來的嗎？ 了解一下你家附近的水文流域，也是一種機會，讓你知道你的生命跟許多生命系統緊密相連。你與水之間的關係和責任是什麼？

....

....

....

....

....

我不知道：禪宗學人對他的老師說：「我已明白我不知道！」老師回答：「你是怎麼知道的？」你有沒有過這樣的經驗，當你把內在的深刻體驗變成可言說的事物描述出來，結果卻反而失去了那個真實體驗？

....

....

....

....

....

保持儀式的單純性：「頂禮時，就頂禮」，禪宗法語如是說。換言之，就是不要迷失在言語和雜念之中，只要去做就好。頂禮是代表沒有分別心。你在哪些地方比較容易頂禮？哪些地方比較難以做到？

....

....

....

....

....

萬一其他路都行不通，讓自己快樂就好：有時我們會把工作或修行變得非常嚴肅而且咄咄逼人。有哪些方法可以讓你的生活變得比較歡樂、有趣、又充滿創意？

....

....

剃髮和洗頭：當禪宗學人發願出家成為比丘或比丘尼時，他們會將頭髮全部剃掉。每一次剃髮，就是一次捨棄虛榮心（和頭髮），以此來表達感激之情。試著幫自己做一個梳理儀容的動作，比如洗頭，然後把打扮的時間轉換成一種培養慈悲心的時間。寫下你的心得。

菩提達摩：中國禪宗的傳奇開山祖師菩提達摩（483–540）説，禪是「直指人心，見性成佛」。換言之，禪不是了解佛教，而是了解你自己。你如何直接深入奉行這個見解？

秋

禪宗之圓：畫一個圓圈，從底部開始，結束時首尾不要完全相連。留下一點空間，讓觀看者在腦中自行去完成那個圓。你生活中還有什麼地方，也可以像這樣留下一點小小的空間，讓別人進來？

....

....

....

....

....

....

女性領眾者：在禪宗的發展史上，就像世界大部分的歷史一樣，很少有女性修行者可以像男性那樣得到旁人的充分支持。儘管如此，作為出家比丘尼和在家女居士，她們依然堅持努力精進，並成為非凡的領眾者與修行典範。你認為女性的重要在哪裡？

....

....

....

....

....

....

念頭如同天氣：坐禪時，意識當中起伏流動的念頭，相對於覺識本身來說都是小事。覺識就像天空，念頭就是起伏不定的天氣。你有沒有辦法將注意力從天氣轉向天空？

....

....

....

....

....

鐘響之間：禪宗經常會敲鐘響。三聲鐘代表開始打坐。兩聲鐘響代表起身下座。鐘聲與鐘聲之間的空白間隔很重要。你可以說說為什麼嗎？

....

....

....

....

....

追求卓越：秋葉散亂，隨意堆積。我們的精進努力似乎亦是如此，有時結果和我們的預期及想像完全不同。如果是這樣，那你還需要在工作上力求卓越嗎？

....

....

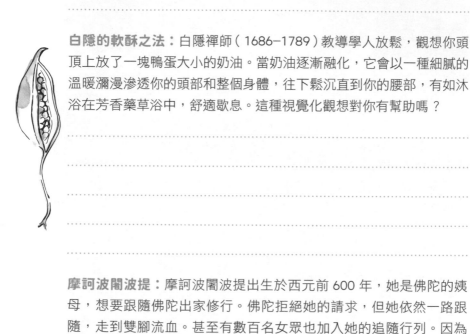

白隱的軟酥之法：白隱禪師（1686–1789）教導學人放鬆，觀想你頭頂上放了一塊鴨蛋大小的奶油。當奶油逐漸融化，它會以一種細膩的溫暖瀰漫滲透你的頭部和整個身體，往下鬆沉直到你的腰部，有如沐浴在芳香藥草浴中，舒適歇息。這種視覺化觀想對你有幫助嗎？

摩訶波闍波提：摩訶波闍波提出生於西元前 600 年，她是佛陀的姨母，想要跟隨佛陀出家修行。佛陀拒絕她的請求，但她依然一路跟隨，走到雙腳流血。甚至有數百名女眾也加入她的追隨行列。因為她的決心和堅持，為所有女眾打開了一道大門，佛陀終於允諾她們加入僧團出家。你生命中有沒有人曾經像這樣為你開過門？

空掉你的杯子：如果你的杯子已經裝滿，那就再也容不下好喝的蘋果西打。如果你深信自己不需要再接受什麼，你就無法接受教導或成長。你該如何把自己的杯子清空？

....

....

....

....

....

....

聚集大眾：列出一張名單，寫下你想要邀請他們來參加感恩晚宴的人。是哪些人，在你人生一切過往經歷、無論是遠是近，也不論生者或亡者，你想要邀請誰來吃這頓飯，與他們盡情交談，向他們說一句言語也道不盡的感謝呢？

....

....

....

....

....

....

....

秋

按下刪除鍵：當我們與某人發生衝突，我們有時會利用坐禪時一遍又一遍地重播那個情境，然後開始給自己編寫一套戲劇化的劇本。如果只是單純地按下刪除鍵，那會如何？

....

....

....

....

....

佛陀的碗：禪宗學人會使用應量器（oryoki）來盛取禪食。Oryoki 的意思就是「適量」。在你生活當中，有哪些方面你覺得很難做到心存感恩只接受你需要的份量就好，而不掉入過度奢求？

....

....

....

....

....

清理桌面：在一天工作結束之前，清理你的工作空間，這樣當你第二天開始工作時，桌面就會是乾淨的，工作的專注度也會提升。你覺得這樣如何？

....

....

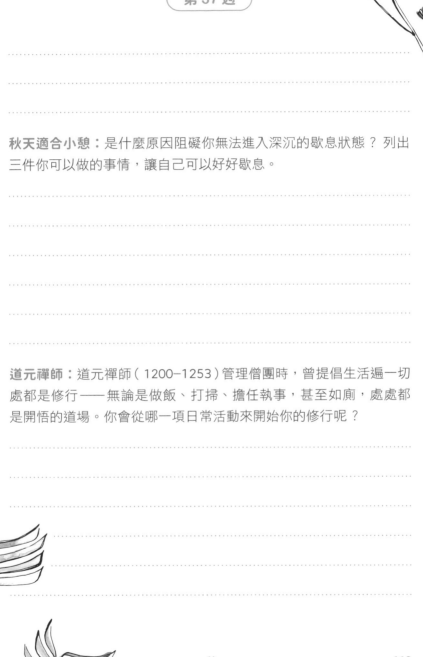

秋天適合小憩：是什麼原因阻礙你無法進入深沉的歇息狀態？ 列出
三件你可以做的事情，讓自己可以好好歇息。

道元禪師：道元禪師（ 1200–1253）管理僧團時，曾提倡生活遍一切
處都是修行 —— 無論是做飯、打掃、擔任執事，甚至如廁，處處都
是開悟的道場。你會從哪一項日常活動來開始你的修行呢？

障礙：你是否有過這樣的經驗，原本是一道障礙，後來變成了一道門？ 倘若那些阻礙你進行創作的事情，剛好成了激勵你創作行動的鑰匙，那會如何？ 比方說，「我沒有時間」，這樣的想法是不是反而會變成一種激勵，讓你用 30 秒時間來記下一首俳句或一張圖畫的草稿筆記？

....
....
....
....
....

文明回歸：想像一下，如果慈悲心是人類文明當中一切決策的核心，那會如何。我們現在需要做哪些事情，才可以讓這件事情發生？ 你可以做的事情有哪些？

....
....
....
....
....
....

荒唐的理由：孩子說：「恐龍把我的作業吃掉了。」你會為自己的不練習坐禪找出什麼荒謬的藉口？ 或是反過來，你會因為什麼荒唐的理由而坐禪？

....

....

....

....

....

日落之際：在日落之前好好看清自己，因為天色即將黯淡。夜晚的到來會觸發你什麼想法？

....

....

....

....

....

熱情所在：什麼樣的工作能點燃你心中的熱情、讓你想要全心投入？ 你對目前從事的工作有全心投入嗎？

....

....

....

....

....

秋　　　　　　　　　　　　　　　　　

體諒肉身：這肉身如此神奇，但我們卻經常對它生氣。它會跌倒、生病、肌肉變得鬆垮或沒能為你贏得比賽。你是怎樣在鞭打或批判、斥責你的這具肉身？ 你能不能體諒它？

....

....

....

....

....

....

自由落體：有時，探究心靈會讓人感到受傷，尤其當我們對自己或事實真相的想法受到挑戰時。當你面對到這種不可避免的傷害，有什麼事情可以安慰你嗎？

....

....

....

....

....

....

約翰凱吉：約翰凱吉（John Cage，1912–1992）在他的作品「4分33秒」（4'33"）中界定了何謂靜默（包含環境與非刻意製造的聲音），從單純的專注當中創造出一種藝術性的祝禱。所有的聲音都是音樂嗎？ 它是否依存於我們的專注力之上？

....

....

....

....

....

....

精疲力竭：我們的世界存在眾多危機，而且規模如此之大，以至於那些致力於讓事情變好的人往往疲於奔命，感到精疲力竭。你可以提供哪些簡單、直接的方法，來支持精疲力盡的人，或是在他們的熱情尚未完全燃燒殆盡之前，提供他們適時幫助？（你也可以試著為自己做這件事。）

....

....

....

....

....

....

樹葉的教導：秋天的顏色有如熱烈燃燒的赤焰，即使到了生命的最後時日，樹葉依然努力展現它們最燦爛的一面。此一無常實相，如何為你的打坐和日常生活帶來清晰洞見與活力？

....

....

....

....

....

信賴露珠：道元禪師曾寫道：「全月彌天，既宿於露，亦宿於一滴之水」（白話：月亮圓大彌天，卻也能在草上露珠或一滴水中呈現全相），意思就是，就算在最微小的事物之中，也能映照出清明悟見（月亮）。今天，你可以做一個小動作來展現你與他人實為一體嗎？

....

....

....

....

....

真正的成熟：當你的同事總是以自我為中心時，你是否能展現真正的成熟？ 這件事讓你感覺如何？

....

....

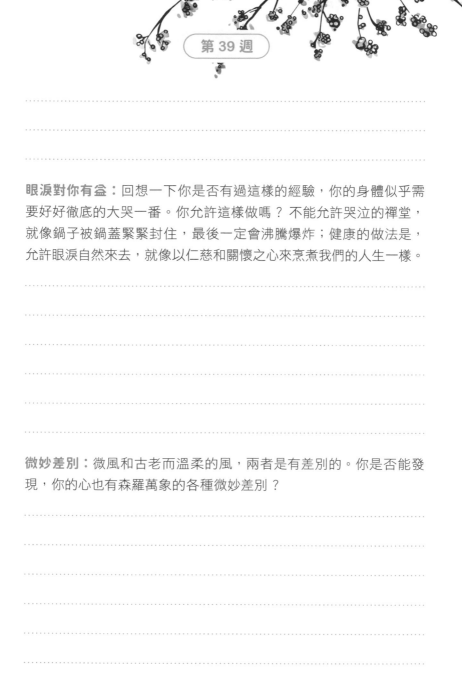

第 39 週

眼淚對你有益：回想一下你是否有過這樣的經驗，你的身體似乎需要好好徹底的大哭一番。你允許這樣做嗎？不能允許哭泣的禪堂，就像鍋子被鍋蓋緊緊封住，最後一定會沸騰爆炸；健康的做法是，允許眼淚自然來去，就像以仁慈和關懷之心來烹煮我們的人生一樣。

微妙差別：微風和古老而溫柔的風，兩者是有差別的。你是否能發現，你的心也有森羅萬象的各種微妙差別？

讓它變美妙：人們可能會用一種過於造作、不自然的心來面對禪的藝術，這種認真可能反而會形成一種阻礙。請隨意寫下一個突兀的句子。讓自己放開心去玩，讓它變得美妙，把你自己放下吧！

....

....

....

....

....

....

....

無法預測：人們經常會引用愛因斯坦說過的一句話：「我們無法用創造出問題的那個思維來解決問題。」世界上有哪些問題可能會需要用新的思維來解決呢？

....

....

....

....

....

....

....

冬天
WINTER

　　有人會說，所謂禪的境界就是不添加、不修飾也不不時時刻刻將包袱背在身上——那時，我們就能隨緣任運一切。月亮本就掛於樹梢，沒有一人需要再去追求更好的境界。風只是風。時鐘也彷彿靜止、不再滴答作響。然而，當我們遭逢陰鬱冬雪，我們一直以來看待事物的慣性模式就會顯現。無論一個人放下多少包袱，我們的業力模式依然存在。我們看待事情的眼光依然和先前一樣沒有改變，我們依然認為自己知道某些事情，即使我們其實並不知道。而當那樣的知見介入，知者和知見就分離了，二元對立存在於人們自認精熟之處。

　　於是，冬天自然讓人升起疑問：是否真的有可能，我們可以活出內外一如的真實生命呢？我們所做一切皆不恰當，而什麼都不做又嫌欠缺：這就是生命存在的公案吧。我們如何才能體會「雪聽到雪」——內心已無人我分別的境界之語？當你用你的筆探究冬天，請讓它帶你回家，回歸那正直高尚且真誠的生命。

光禿禿的樹枝： 樹枝一片光禿；心的寒冬已經到來。坐禪時，請讓你身上背負的一切盡在寂靜的雪中止息。反思之。

....

....

....

....

....

銀碗裡的雪： 雪在銀色碗裡很難被看見，因為白色落在白色上。在禪宗，這是一種指涉身外之物的方式，人們身上總是帶著自己並不需要的東西。你的銀色碗裡有雪嗎？

....

....

....

....

....

就這樣： 實相的本質不可言說，無法描述、亦超脫概念之外。禪宗以「如此這般」一詞來形容此境，是一種刻意含糊，卻也直指核心。你在工作和生活中是否也有展現這種心境？ 如果是，那是什麼情況？

....

....

....

....

忙碌之身：今天請特別留心注意，在你坐禪結束要下座起身之時。
你的心念是忙碌還是安靜？

....

....

....

....

....

種族與性別歧視：我們當中許多人可能認為自己從來不會有種族主
義或性別歧視，但實際上在我們的行為模式和假設當中，還是會表
現出偏見、成見或是歧視心態。你要如何深入察覺到這件事？

....

....

....

....

....

....

轉而向內：用一筆畫畫出線條，代表你轉向自己的內心。

好人：人類最好的心性品質是哪些？ 你在自己身上有找到其中一些嗎？（或是你認為自己還需要去培養的是什麼？）

哀傷之時：在冬天，萬物無常消逝的本質會變得更加明顯。青綠生命進入冬眠，一片蒼白覆蓋大地。請帶著溫柔的心寫幾句感想，關於哀傷心情如何影響你的禪定心境。

....

....

....

....

....

無法言傳：有時，語言文字並無法表達我們生命的真實經驗。從定義上來說確實如此，你沒辦法寫出無法言傳之事，但你是不是仍有過這樣的真實體驗呢？

....

....

....

....

....

拯救一切有情眾生：所有眾生只要活著就必定受苦。無論直接或間接，你所從事的工作有助於減少眾生之苦痛嗎？ 有沒有哪些族群的苦讓你特別有感（老人、窮人、瀕危物種或是其他）？

....

....

挺身而出：當我們真心覺得義不容辭要為他人挺身而出時，你一定會感覺到那股力量。你是否曾經感到驚喜，當有人在你需要時為你挺身而出？你是否曾經義不容辭為沒有話語權的人挺身説話？

....

....

....

....

....

劉鐵磨：禪宗尼師劉鐵磨（780－859）與她的老師有著深厚而趣味的關係。據説她已完全領悟「存在的不二心法」，並繼續幫她自己的學生「研磨」尚未純熟的悟境，助其得到真正的開悟解脱。你生命中是不是也有一位「鐵磨」在幫助你放下執著？

....

....

....

....

永保常新：什麼樣的手勢最能代表你對新事物持開放態度？ 用文字描述或畫出那個手勢，並在過程中無懼地自娛自樂。

雪之鑽石：你是否有過這樣的經驗，陽光照在雪地上反射如火花般的耀眼強光，讓你霎時停下腳步？ 請描述一下那個光景。（如果你住的地方沒有下雪，那是否曾為水面的粼粼波光嘆為觀止？）

長時間坐禪：或許會有那麼一天，當你做完 10 分鐘的靜坐之後，你並不想起身，而會想要坐更久一點，進入深入的定境。有些學禪者也會去參加連續好幾天的閉關靜坐。你有沒有發現長時間坐禪的好處？ 是什麼樣的情況？

....

....

....

....

....

誓願：佛教所謂的「菩薩」，是指具有深沉慈悲心的人，他們發下誓願，要等到所有人都能擺脫不必要的痛苦，他們才願歇息、成佛解脫。發下「菩薩願」，就是認定自己要等待一切眾生都得到安心，自己才願安心。這樣的誓願是否會改變你的生命？

....

....

....

....

相信自己：如果你對自己有更深的信賴，你在工作是否會有什麼改變？（這樣說並不代表你不需要改進自己，而是指你對自己有足夠的信心不會兩邊押寶）

....

....
....
....
....

坐禪如針灸：道元大師寫過關於禪宗打坐，稱之為「坐禪之針灸」，因為它能解決存在的一切痛苦。請描述一下你打坐時的身體姿勢。

....
....
....
....
....

讀經還是不讀經：閱讀佛教的重要經典和教義會有幫助嗎？ 如果有，為什麼有？如果沒有，為什麼沒有？

....
....

....
....

第 42 週

畫雪：請用融化的雪或雨水（或自來水）當作墨水，畫一幅正在消逝的景色。

紅絲線：禪宗鼓勵學人去深究「紅絲線」——也就是指我們的激情、性欲、肉身皮囊、情愛，以及我們靈性成長過程中所有的一切依戀執著。對於覺性與慈悲的獻身投入，會如何影響你生命中的紅絲線？

好奇與中立：如果你能對自己的想法保持好奇與中立，而不那麼容易被它們說服，那會如何？ 把你的想法寫下來。

....

....

....

....

....

在家修道：傳統的禪修都是在寺廟修行，以團體活動進行全天的禪修儀軌。在今日，這些儀式則經常用來幫助在家信眾修練正念覺察的功夫。有時儀式也會變成一種僵硬的東西，對修行並無幫助。為什麼會產生這種差別？

....

....

....

....

....

很難對大眾講話：有時，雖然我們謙卑居下，但總有輪到我們出頭領眾的時刻。你是否覺得對眾人開口講話、教導和領導他人是很容易的事，還是覺得很困難？

....

....

結冰融化：當嚴冬到達盡頭，結冰的萬物就要開始融化。仔細找找，你身上是否有某個部位一直保持著緊張狀態，像是結冰了一樣？ 請花幾分鐘時間，觀想那結冰之處正在融化，生命開始在其中流動。感覺如何？

離開老師：優雅離去的例子少之又少。回想一下過去的經驗，當你知道時候到了，必須離開你的老師或心愛的人。那時你學到什麼？

雪地足跡： 請看看雪地上那些足印是什麼動物留下來的，請把那種動物畫出來。（雪地裡會有各種先前留下的「足跡」。在這裡，我們假設它是一種動物，然後去探索牠。）

不殺生： 我們無法完全不殺生而存活下來。儘管如此，我們還是可以尊重生命。無論是對其他人類、動物，還是別人的熱心熱情——修習不殺生和尊重生命，真正的意思是什麼呢？ 做一張簡單表格，列出時間和情境，你在什麼情況下會遇到這個問題。

晴朗之心：假如我們相信自己的思想念頭就是真正的實相，有時候它們就會變成一種天氣——然後我們就在這樣的氣候狀態下度日，生活了好幾年、甚至好幾十年。然後，突然間，雲破天開，晴空萬里。你有過這樣的轉變或突破嗎？

....

....

....

....

....

敲鐘：若想要品味你最放鬆、最敞開、最沉著的心靈狀態，可以試試這個練習。找一個小鐘，每 10 秒左右敲一次鐘，持續這樣做幾分鐘。把你的注意力放在鐘聲出現後的那段空白靜默時刻，是靜默讓鐘聲變得更加明顯。請寫下你的心得。

....

....

....

....

....

追逐金錢：對於金錢在你生命中的地位，你感到安然自在嗎？ 現在有為金錢煩惱嗎？ 過去曾經煩惱過嗎？

....

....

能量滿滿：學禪就像爬山，走出欲望與失落的山谷，就能到達高處看見整片地形景色。儘管如此，它也只是一步接著一步，老實前進而已。你是否曾經用這樣的心態來修行，然後發現自己完全不需費力？

浩瀚如海：據說佛教經典共有一千零八十億字（意思就是多到無法數算）。要在這廣闊浩瀚如大海的佛典裡鑽研，意謂著學人的生命也是無量無邊的。這是否令你心生畏卻？ 還是感到安慰？

馴牛：牛在田野裡狂奔；那匹牛就是你，田地就是整個宇宙大地。對於野性和馴服，對你來說是什麼？把你的想法寫下來。野性有負面影響嗎？人心有可能被馴服嗎？這件事很重要嗎？

....

....

....

....

....

....

真實本性：美國佛教徒兼行動主義者喬安娜・梅西（Joanna Macy）說：「我們的真實自然本性就是成為彼此的一部分。」我們需要去了解，大自然的本性是活潑生動的，而不是一堆被動等待人類去使用的儲存物而已。請反思，我們擁有這種真實本性的快樂與責任，包括人類的以及宇宙大地的。

....

....

....

....

....

....

....

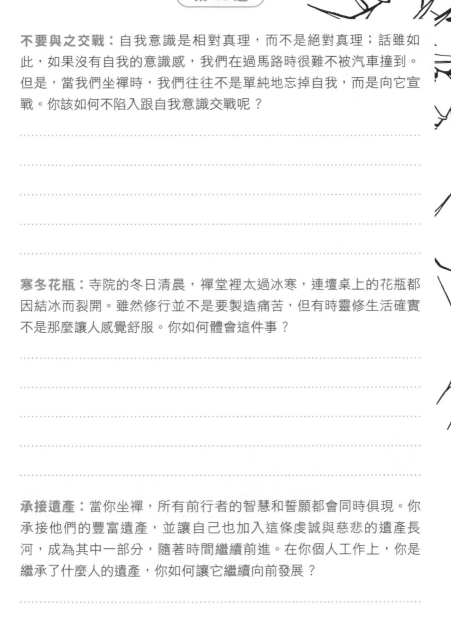

不要與之交戰：自我意識是相對真理，而不是絕對真理；話雖如此，如果沒有自我的意識感，我們在過馬路時很難不被汽車撞到。但是，當我們坐禪時，我們往往不是單純地忘掉自我，而是向它宣戰。你該如何不陷入跟自我意識交戰呢？

....

....

....

....

....

寒冬花瓶：寺院的冬日清晨，禪堂裡太過冰寒，連壇桌上的花瓶都因結冰而裂開。雖然修行並不是要製造痛苦，但有時靈修生活確實不是那麼讓人感覺舒服。你如何體會這件事？

....

....

....

....

....

承接遺產：當你坐禪，所有前行者的智慧和誓願都會同時俱現。你承接他們的豐富遺產，並讓自己也加入這條虔誠與慈悲的遺產長河，成為其中一部分，隨著時間繼續前進。在你個人工作上，你是繼承了什麼人的遺產，你如何讓它繼續向前發展？

....

不多不少：在禪宗，藥物和酒精的使用都有所節制，或根本完全不碰。而且，敏銳的覺性乃是基於不使人的清明度被削弱。在這方面，你有沒有什麼事情需要重新加以平衡？

抵達冬天：在禪宗的教導裡，有時會用冬天來代表修行的究竟境界，在那境界中，萬事萬物永遠再無分別。若果如此，這究竟冬天是任何人都可以抵達的境界嗎？（不要陷入語言上的糾結，直接寫出你的心情就好！）

本來面目：或許你有機會偶然瞥見，那超越尋常自我的覺性意識。禪宗稱之為：見到你的「本來面目」。就算如此，你的相對自我並沒有因此消失。帶著好玩有趣的心情，快速畫出一幅你的本來面目。

連結網：萬物應緣而生，並彼此相互制約，形成一個龐大而驚人的關係網絡。簡單列出五個對你產生積極影響的人、地點或事情。

無聊乏味：人生總有無聊之時。你是不是偶爾也會覺得坐禪非常乏味？ 如果你知道有禪修初學者覺得坐禪無聊，你要如何鼓勵他們，讓他們知道這種感覺是會改變的？

．．．．．．．．．．．．．．．．．．．．．．．．．．．．．．．

．．．．．．．．．．．．．．．．．．．．．．．．．．．．．．．

．．．．．．．．．．．．．．．．．．．．．．．．．．．．．．．

．．．．．．．．．．．．．．．．．．．．．．．．．．．．．．．

內外一如：使用「法界手印」給你反饋。坐禪時，將雙手交疊放在大腿膝部上，手心朝上，指關節相疊，左右拇指輕輕相觸。你的拇指會隨著你的心念飄移嗎？ 外在世界如何反映你的內在狀態？

．．．．．．．．．．．．．．．．．．．．．．．．．．．．．．．

．．．．．．．．．．．．．．．．．．．．．．．．．．．．．．．

．．．．．．．．．．．．．．．．．．．．．．．．．．．．．．．

．．．．．．．．．．．．．．．．．．．．．．．．．．．．．．．

大方給出小費：今天，對別人的工作表達感謝。如果可以的話，請給出一筆可觀的小費。在這一週，有什麼人的工作讓你的生活變得比較輕鬆嗎？

．．．．．．．．．．．．．．．．．．．．．．．．．．．．．．．

．．．．．．．．．．．．．．．．．．．．．．．．．．．．．．．

....

....

....

男性掌權者：僧團被認為是佛教的重要瑰寶之一，能為個人修行提供深遠的支持。但是對女眾修行者（和部分男性）來說，掌權的男性有時會讓僧團變成一個危險的場所，因為他們可能會濫用大眾的信任，利用階級優勢來佔人便宜。該怎麼辦？ 你可以做些什麼嗎？

....

....

....

....

....

....

先祖的腳步：如果有機會，你會希望與歷史上哪位修行人深入交談？

....

....

....

....

....

....

畫出冬天：如何將冬天畫進一幅畫裡？ 請在下面空白處畫出冬天。

安心之處：佛陀在經歷多年四處訪道之後，返回自己老家，他獨自坐在一棵樹下，想起孩提時代在那裡得到的安心感。你有沒有這樣一個地方，當你回到那裡，感覺無比安心？ 詳細描述之。

自我膨脹：我們可能會以為追求開悟很偉大而出現張狂的心態。 修定時，我們以佛的尊貴坐姿打坐，並且認為那代表我們在某些方面好像高人一等。你有沒有察覺到自己的這種「自我膨脹」心態，還是你比較容易從別人身上注意到？

....

....

....

....

....

你不會被遺忘：想想看，有什麼人是獨自一人死去，或是死後亦都沒有任何親友。在底下重複寫幾遍「你不會被遺忘」。即使你不知道他的名字，這件事也很重要。

....

....

....

....

....

獨立於天地之間：正直誠信是可以不斷深化的。花幾分鐘思考一下你的工作：是否有時候你也會在某些地方失去正直（包括別人看得見和看不見的部分）？

....

....

回到基礎：禪定生活亦同樣適用於身體層次。你是否有好好睡覺、好好吃飯、保持活動力，藉此來尊重你身體這座寺廟？

主與客：有時，我們知道如何回答（做主人），卻忘記如何提問（做客人）。跟其他所有東西一樣，在禪宗裡面，「主與客」是用來表明我們究竟是誰。你呢——無論是主還是客，你都同樣感到自在嗎？

密而不分：你是否有過這樣的經驗，你跟某樣東西緊密合一，「它」與「你」不再有「分別」？ 就在那一刻，我們慣常用來分析、判斷、理解與認識的參照系統全都失去意義。這就是所謂的──「走路時就只是走路、哭泣時就只是哭泣」。請寫下你的心得。

......

......

......

......

......

......

做你正在做的事：聽起來好像很簡單，「當你做什麼事，就好好做」。這件事對你來說是否有困難？

......

......

......

......

......

......

......

......

退一步：有人這樣解釋禪定：「退一步，將光明轉向內心」。有時候，我們總覺得如果不精進向前，心裡就會害怕憂慮。如果沒有什麼事情要完成、也沒什麼地方要去，你覺得如何？

....

....

....

....

....

全新的人：選一個你熟悉的人，並試著不去看他們過去的歷史，用全新的眼光去看他們。讓他們成為全新的人。真正去看、去聽、去感受。有沒有發現哪些事情是你之前從沒注意過的？

....

....

....

....

....

有我罩你：在我們職場生活的表面下，很多東西其實都非常脆弱。你如何默默支持你的同事，讓他們感到安心、並喜歡自己的工作？

....

....

....

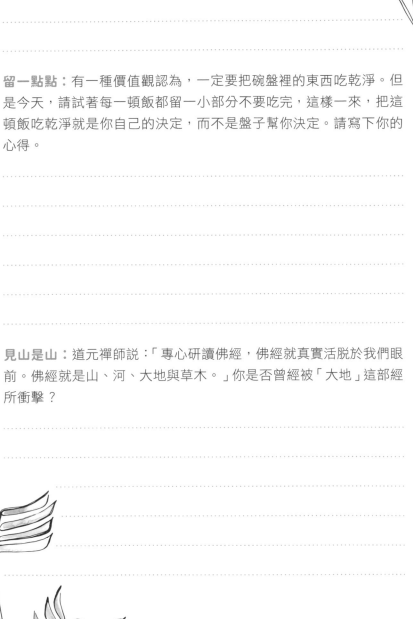

留一點點：有一種價值觀認為，一定要把碗盤裡的東西吃乾淨。但是今天，請試著每一頓飯都留一小部分不要吃完，這樣一來，把這頓飯吃乾淨就是你自己的決定，而不是盤子幫你決定。請寫下你的心得。

見山是山：道元禪師說：「專心研讀佛經，佛經就真實活脫於我們眼前。佛經就是山、河、大地與草木。」你是否曾經被「大地」這部經所衝擊？

楊柳青綠：禪修能幫助我們擺脫活在抽象思維的生命慣性，回歸現實的圓滿性與每一樣事物的獨特性。現在，請列出房間裡五樣「獨特之物」。

....

....

....

....

....

....

家貓：養在家裡的貓沒有學過仰頭向上看，因此很容易成為天空飛鳥的獵物。其實我們也都戴著某種眼罩。你有沒有注意到你自己的這種「不察」？

....

....

....

....

....

....

....

花俏裝飾：當你開始練習坐禪，請不要添加太多花俏的裝飾，也不要讓它成為一種藉口，讓你在靈性商店裡大買特買。你是不是已經開始囤積與禪有關的商品（或觀念）？

....

....

....

....

....

無法言詮：禪的所有儀式都直指一件事實：我與「萬物」（整個宇宙）無分無別。跟撫摸一樣，你也無法真正用言語解釋何謂頂禮，只能親身體會。請寫下你的感想。

....

....

....

....

....

無論你有多努力：有時，就算我們竭盡所能，盡了最大努力，還是無法把一件工作做到成功。成功或失敗其實很難說，過程才是意義所在。你曾真正體會過什麼叫做「信賴過程」嗎？

....

....

童稚之心：成年人很容易墨守成規，因此我們得到的解脫和愉悅感也只會發生在狹小的管道（例如性事）。回想一下你的童年；什麼事情讓你感到完全享受、樂在其中？

見山不是山：一位攝影師想要拍攝一張山的照片。他帶著相機努力爬到山頂，後來發現他拍到的照片看起來只像小徑和樹林，而不是「山」。當我們不再將自己與人、與地，與事分別，他們就不再存在於我們之外，他們不再是他者，而我們的名字和他們的故事也將失去作用。在你的生命經驗中，何時曾經看山不是山？

大道無門：你無法進入禪，因為它無處不在。儘管如此，我們還是要修行。從某個角度來說，禪的圓滿乃是取決於我們的修行。生命乃仰賴於你的全心投入，試著對這件事寫下一點感想。

....
....
....
....
....
....

海龜媽媽：海龜媽媽會上岸產卵，然後再返回海中，尾巴左右搖擺撥沙子，把她剛剛在沙灘上留下的足跡蓋起來。當然，她最終還是留下了尾巴的記號。事情總是互為因果。在政治上，這件事如何發揮作用？

....
....
....
....
....
....

安心和安慰：吸氣時，把你所愛的人的煩惱都吸進來；吐氣時，把療癒和安慰傳送給他們。有沒有發現，幾次吸吐之後，你自己的心也得到了安慰？

....

....

....

....

....

從未遠離：回想一位你愛過的人，但他已經死去。你身邊有沒有什麼東西可以幫助你想起他們，讓你覺得跟他們依然親近？

....

....

....

....

....

神祕禮物：每個人都有某種程度的超能力，有人能沖出世界上最好喝的咖啡、有人可以堅持不懈、有人能夠帶給別人歡笑，而有人擅長唱歌。和你一起工作的同事，他們的超能力是什麼？你自己有什麼超能力？

....

....

....

走進墓地：你希望在你離世之後人們如何處理你的遺體？ 火葬？ 土葬？ 捐給實驗室？ 還是其他方式？

見山還是山：人各有差異，而就是這些差異決定了每個人都不相同！ 所有人都是一體，但我們依然會互相惹惱對方。回想一下你是否有過這樣的經驗，你跟其他人之間看似存在的差異變得非常清晰時，你是感到煩惱？ 還是感到精神振奮。

燒掉佛像：你是否曾經對聖像（或神聖概念、或何謂良善）存在著想像，以致妨礙了你真正看清楚它的模樣？ 你如何克服這件事？

....

....

....

....

....

....

貪婪之心：無論是物質上的還是精神上的成就，我們總是存在著貪婪之心。我們只想要更多，卻忘記品嚐我們盤裡已經有的食物。你在哪些地方發現自己變得有點貪婪？

....

....

....

....

....

....

內在工作：裹上保暖的毯子或穿上外套，到寒冷的戶外打坐5到10分鐘。看看自己出現什麼念頭，身體有什麼樣的感覺，你的心想跑去哪裡。不斷把注意力帶回到你的「舒適空間」。寫下你的心得。

....

....

....

....

....

化有形為無形：如果你只剩一天可活，你會想要對誰道歉，把它寫下來。你也可以單單只寫「我很抱歉」，這樣就夠了。

....

....

....

....

....

不執著：與其等到你離開世間再把東西送人，不如在你走之前把禮物送出去，你想送什麼禮物給人？

....

....

....

....

....

不大驚小怪：哪一件事比較讓你困擾？ 生病時有人一直大驚小怪來關心你？ 還是生病時沒有得到充分照顧？

以石擊竹：有時，我們費盡心力事情依然沒有結果。有時，一些意想不到的小東西就把一扇閉鎖的門打開。你會因此而不想努力工作嗎？ 還是更想要努力？

進退兩難：你人生第一次的艱難抉擇是什麼？ 最近有什麼事情很難做決定？ 你認為未來可能遇到的艱難抉擇會是什麼事情？

....

....

....

....

....

....

....

大笑時，只管大笑：有時生命似乎自己打上了死結，然後突然間，結又解開了。你搞不清楚究竟發生什麼事，但你可以享受這個過程。上一次你把肚皮笑破是什麼時候的事了？

....

....

....

....

....

....

你的原始本性：佛陀看見天空出現晨星，他就證悟了。你上一次讓自己在星空下保持靜默是什麼時候？

....

....

....

....

臨界之心：時空中的某個點與下一個點之間的等待區域，就是所謂的臨界空間。在那裡，我們像是處於一種事物邊緣的感覺。練習把那個臨界空間守在你心裡，不發出任何言語。然後，現在說出來！

....

....

....

....

只因為愛：工作就是愛的體現。生命只是愛的展現。你覺得這些說法正確嗎？

....

....

....

....

只是頂禮：我們的自我總是這樣為自己辯護：「我就是這樣啊」。在自己的私人空間，練習讓自己趴在地上匍匐頂禮。不要「向」任何東西頂禮，讓你的自我消失幾秒鐘，你的身體只是頂禮。寫下你的心得。

....

....

....

....

....

....

虛妄對立：分別你我是虛妄（一體也是虛妄！）為了探究虛妄幻覺，我們打坐、鑽研佛理、創作、實踐和服務眾人。你可以做哪些事情，來加深自己對這件事的體會？

....

....

....

....

....

....

畫家就是畫筆：你的生活就是你的藝術。用一口「氣」（純粹的生命力）的長度，畫一條線，從開始、繼續、到結束。

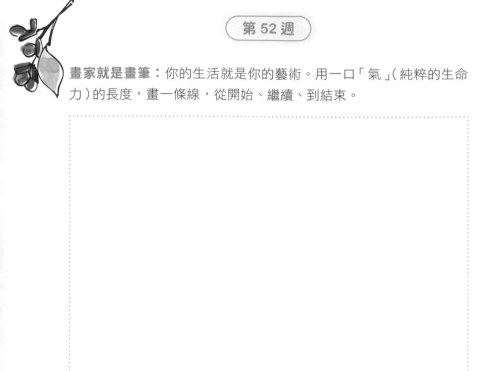

它會在哪裡結束？：基誌銘是對已故者的一種致敬。有時你會看到基碑上寫著基誌銘。請用五到十個字，為你所認識的世界寫一篇基誌銘。

時光一去再不復返，過去讓它過去。你已竭盡所能。毫無疑問，疏忽和荒唐之事在所難免；儘快將它們忘掉。明天又是嶄新的一天。讓一切在沉著寧靜中展開，振作你的精神，不要被過去的舊包袱拖累。

——拉爾夫・沃爾多・愛默生（Ralph Waldo Emerson）

結語

　　每天寫修行日記並不是一件小事。讓自己花一年的時間來學習禪法，意謂著你勢必要面對某些過去一直在逃避的事。我知道，有些日子的作業真的會讓人生氣，而且你一定曾偷偷對我怒吼：「什麼鬼？這跟禪有什麼關係啊？」或是：「我根本不知道你在問什麼！」或是：「幾個禮拜前你不是已經問過了，怎麼現在又來了？」如果你和我們大多數人一樣，當中有些日子（可能幾個禮拜？幾個月？）你甚至連「禪堂」（修行的地方）都沒踏進一步，然後又突然回來重新拾筆。我希望也會有那樣的時刻，你可以單純地、全心全意，帶著你的創意投入其中，熱愛你所遇見的一切。所有這一切──無論是怒火和煩惱情緒、逃避或懶散日子、重新回來認真修行、你的愛和熱情──都是一個完整的禪修所涵蓋的東西。「我有一大堆事情做不完」，我的一位學生曾如此向我解釋，因為他消失了一段時間之後才重新回來。確實，永遠都有做不完的事情。禪宗最美好的禮物之一就是，它隨時歡迎我們回來。正如你在這一年的寫作修行中發現的，每一天都是一個嶄新的空白。是你的呼吸賦予它生命。它始終誠實如一，不依賴任何人或任何意識形態而存在，而是溫柔而真實。

　　那麼，當你完成這一整年的寫作修行之後，接下來呢？其中一個選擇是，再買一本新的（我相信出版商會喜歡這個選擇），然後在新的一年重新開始書寫。雖然作業完全相同，但第二次（或第二十

次）寫作時會有完全不同的結果。另一個選擇是，不需藉由外力的提醒，每天持續進行修行寫作。只要寫就好。相信你的心會自然讓你知道該寫些什麼內容。如果你發現自己開始因為做同一件事而感到無聊，那就做些改變，給自己一個不同類型的語言挑戰，就像你過去一年所做的練習一樣。

對於某些人來說，這樣的寫作修行可以讓你以這七個領域（禪定冥想、禪修儀軌、工作、身體、深入探究、藝術繪畫，以及外部世間）作為窗口，讓你從生活的各個方面去實踐禪的教法。它讓你習慣每天靜坐，進行一些儀式，提醒你此生是一份禮物和一趟神聖旅程，而你真正的人生事業並不只限於你的工作。它讓你去探究經典、藝術、你的身體，激發你的體能、創意，以及智慧增長。它提醒你步入塵世、關心季節變換、動物、山河大地、綠色環保，以及政治、文化與人性。如果你想進一步跟隨禪師和僧團一起學習，我們也有禪修中心可以為你服務，我隨時等候你差遣。你只要走到門口敲門就可以。

致謝

感謝與我一起學習禪、以及在禪修會和工作坊中與我一起寫作的學生。這是一種無法言喻的榮幸。感謝你們啟發這本書的誕生。

組成本書的七個修行領域，對於修習山河派的人來說應該很熟悉，因為與寺院派的「八門」修法很相似。感謝約翰・戴多・洛里禪師（John Daido Loori）多年來的奉獻與充滿創意的教法。早年在禪山寺，他指派我為不同的修行領域制定課程與學習大綱，涵蓋超過十個不同修行階段與多年訓練。這個修行計畫在這幾十年當中將持續演進；我深知，一切缺失都歸我，而它所帶來的利益則歸於老師的遠見。

非常感謝有機會與 Peter Matthiessen、Allen Ginsberg 和 Natalie Goldberg 一起學習和教學。他們每一位都將寫作視為一種「道」，並鼓勵我將筆紙當作我的禪堂。

作者簡介

　　邦妮·米奧泰·崔斯（Bonnie Myotai Treace），禪修教師，禪心道場（Hermitage Heart Zen）創辦人，也是禪宗山河派（the Mountains and Rivers Order）第一代傳人，目前定居於北卡羅來納州的黑山。數十年來，她一直在卡茨基爾和紐約市帶領大眾修禪。她的寫作禪修法吸引了數百名學生透過書寫來學習禪法。曾與 Allen Ginsberg、Peter Matthiessen、Natalie Goldberg 等多位作家和藝術家共同主持和教導禪宗藝術課程。目前，在北卡羅來納州，她也為不方便參加團體禪修的殘疾人士和老人提供寫作禪修指導，並教導在家坐禪與正念減壓。著作包括：《冬月》（Winter Moon）、《空寂的枝條》（Empty Branchs）、《夢中醒來》（Wake Up）、以及《坐禪入門》（Zen Meditation for Beginners）。已婚，有兩位優秀的孫子，與一隻長毛貓和一隻大型可麗牧羊犬共同生活。

A year of Zen
by Bonnie Myotai Treace
Copyright © 2020 by Rockridge Press, Emeryville, California
illustrations © Verónica Collignon, 2020
First Published in English by Rockridge Press, an imprint of Callisto Media, Inc.
All rights reserved
Chinese complex translation copyright © Maple House Cultural Publishing, 2021
Published by arrangement with Callisto Media Inc
through LEE's Literary Agency

禪宗一年——52週的修行筆記

出　　　版／楓樹林出版事業有限公司
地　　　址／新北市板橋區信義路163巷3號10樓
郵 政 劃 撥／19907596　楓書坊文化出版社
網　　　址／www.maplebook.com.tw
電　　　話／02-2957-6096
傳　　　真／02-2957-6435
作　　　者／邦妮‧米奧泰‧崔斯
譯　　　者／黃春華
企 劃 編 輯／陳依萱
校　　　對／周佳薇
港 澳 經 銷／泛華發行代理有限公司
定　　　價／380元
初 版 日 期／2021年12月

國家圖書館出版品預行編目資料

禪宗一年 52週的修行筆記 ／ 邦妮‧米奧泰‧
崔斯作；黃春華翻譯. -- 初版. -- 新北市：楓樹
林出版事業有限公司, 2021.12　面；公分

ISBN 978-986-5572-68-6（平裝）

1. 禪宗 2. 佛教修持

226.65　　　　　　　　　　110016874